れきしクン
長谷川ヨシテル

どマイナー武将伝説

柏書房

まえがき

どーも、お疲れきし！「れきしクン」こと長谷川ヨシテルと申します。

この度《たび》は、数ある書籍の中から拙著を手に取っていただき、ありがとうございます！

おかげさまで、柏書房から七冊目の書籍を出すことができました。

今まで『ポンコツ武将列伝』『ヘッポコ征夷大将軍《せいいたいしょうぐん》』『ドタバタ関《せき》ヶ原《はら》』『トンチキ鎌倉武士』では、武将たちの少し変わった歴史や逸話を紹介しまして、『ヘンテコ城めぐり』『キテレツ城あるき』では、全国各地のお城をちょっと変わった視点から紹介させていただきました。


そして、今回は念願の〝ご当地マイナー武将〟がテーマになります！

これまで紹介した書籍でも、一般的にあまり有名でない武将を取り上げたことはありましたが、それでも歴史好きの中ではある程度知られている人物だったかと思います。しかし、本書では〝歴史好きでも知らないような武将たち〟ばかりになっています。そんな人物たちのみで一冊の本を作るということは、かなりチャレンジングなことでして、そんな企画が実現できたのも、本書を手に取ってくださった〝あなた〟がいたからでございます。改めて感謝申し上げます！

本書でピックアップした武将は、コラムも含めると総勢七十人以上！
なるべく全国まんべんなく取り上げたいなと思い、北は岩手県や秋田県、南は沖縄県までのご当地武将が登場していますので、まずは目次やマップをご覧いただいて、そこから自分のゆかりの地の武将を見つけ出し、楽しくお読みいただければと思います。
念願の企画だったことから執筆するのにも熱が入ったのですが、一方で人物がマイナーであるため、史料や参考文献が少なく、今までで一番執筆に時間がかかりました。元ネタとなった史料などにもしつこく当たりまして、その結果、通説とされていたものに誤解があったり、ネットで出てくる情報に誤りがあることなど、新たな発見もたくさんあり、充実の歴史時間を過ごすことができました。

そんな愛すべきご当地武将たちには〝どんマイナー パラメーター〟と称しまして、私の独断と偏見で五つの能力を五段階評価で査定しております。私の書籍の恒例企画でして、パラメーターをひとまず全部チェックしてから本編に入るというパラメーターファンの方もいるそうなので、今回も余興としてお読みいただければと思います。

それでは、どんマイナーなご当地武将たちが残した伝説をお楽しみくださいませ！

長谷川ヨシテル

目次

第一章 もっと知られるべき！ 隠れちゃってる名将たち

第二章
この銅像、誰？　地元じゃ有名人な武将たち

第三章　スゴいのにいつもモブキャラ！　戦国の色んなユニット

第四章

マニアックな偉業の数々！ 教科書には載らない武将たち

第五章

思わず二度見！ ひとクセあるお名前の武将たち

れきしクンの手書き どんマイナー MAP

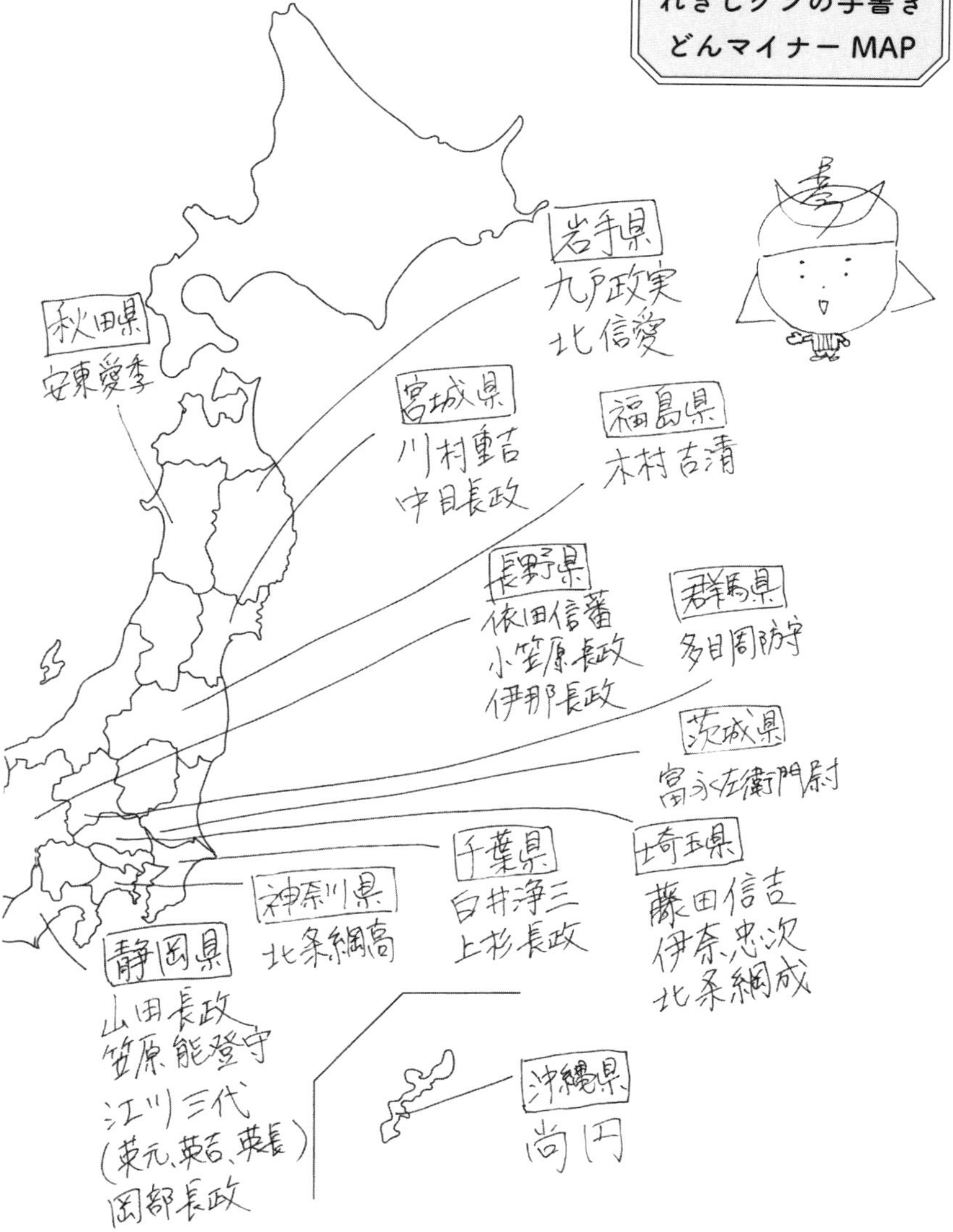

※各武将の出身地や領地、あるいはもっとも活躍した地域を記しました

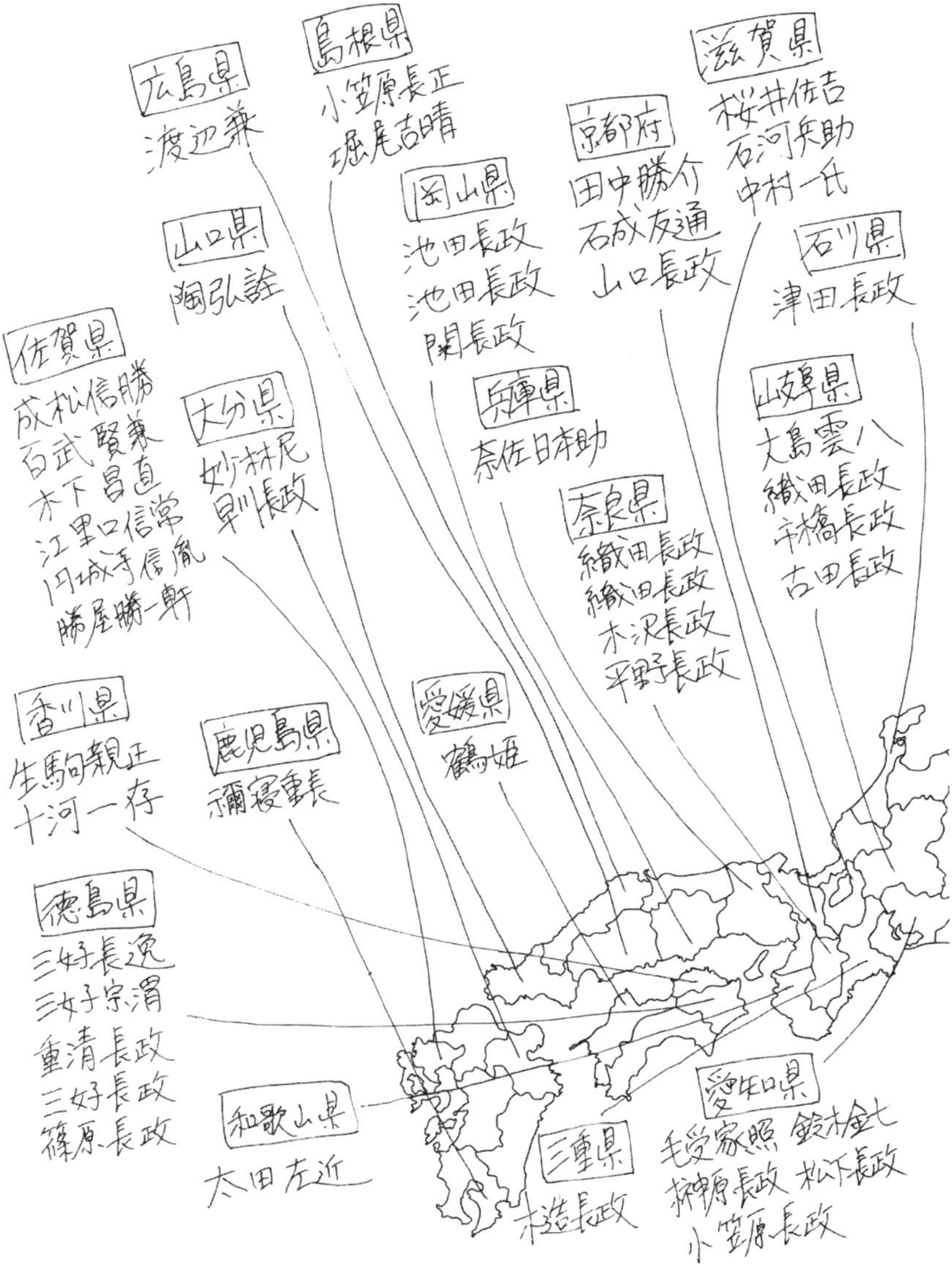
広島県
渡辺兼
島根県
小笠原長正
堀尾吉晴
滋賀県
桜井佐吉
石河兵助
中村一氏
京都府
田中勝介
石成友通
山口長政
岡山県
池田長政
池田長政
関長政
石川県
津田長政
山口県
陶弘詮
佐賀県
成松信勝
百武賢兼
木下昌直
江里口信常
円城寺信胤
勝屋勝一軒
大分県
妙林尼
早川長政
兵庫県
奈佐日本助
岐阜県
大島雲八
織田長政
市橋長政
古田長政
奈良県
織田長政
織田長政
木沢長政
平野長政
香川県
生駒親正
十河一存
鹿児島県
禰寝重長
愛媛県
鶴姫
徳島県
三好長逸
三好宗渭
重清長政
三好長政
篠原長政
和歌山県
太田左近
三重県
木造長政
愛知県
毛受家照
鈴木金七
榊原長政
松下長政
小笠原長政

装丁
藤塚尚子（etokumi）

装画・本文イラスト
花くまゆうさく

第一章

もっと知られるべき！
隠れちゃってる名将たち

藤田信吉

「関ヶ原の戦い」影の仕掛け人？ 家康からもVIP待遇の超有能武将

どんマイナーパラメーター

統率力	★★★★★
武勇	★★★★
知略	★★★★★
政治力	★★★★
大戦トリガー度	★★★★★

○北条家家臣から武田家への見事な転身

本書で取り上げている武将たちは、どれも私の〝推《お》し武将〟なわけですが、その中でとにかく激推ししたいのが藤田信吉《ふじたのぶよし》です！

一五五九年（永禄《えいろく》二）生まれの信吉さんは、武蔵《むさし》（埼玉県・東京都）の出身で、生誕地はおそらく父・藤田重利《しげとし》（康邦《やすくに》）の居城だった天神山城《てんじんやま》（埼玉県長瀞町《ながとろまち》）と考えられます。私ごとですが、母が長瀞町の出身なので、そこで生まれ育った信吉さんに勝手にシンパシーを感じております。

藤田家は鎌倉公方《くぼう》の足利家《あしかが》（関東を治める組織のトップ。足利将軍家の一族）に仕《つか》える山内上杉《やまのうちうえすぎ》家の家臣でしたが、主家は一五四六年（天文《てんぶん》十五）の「河越城《かわごえ》の戦い」（「河越夜戦」）で大敗。新興勢力の小田原城《おだわら》（神奈川県小田原市）の北条家《ほうじょう》に対して圧倒的劣勢に……。そこで信吉さんの父・重利は北条家に従い、北条氏康《うじやす》（北条家当主）の息子を養子に迎えて生き残りを図りました。北条家から養子に来た北条乙千代丸《おとちよまる》（のちの北条氏邦《うじくに》）は、「藤田」を名乗り、信吉さんの姉（大福御前《だいふくごぜん》）を妻に迎えています。この北条家への臣従&政略結婚が〝運命のイタズラ〟の伏線となるんですが、その話はまたのちほど。

『管窺武鑑《かんきぶかん》』などによると、父・重利は、天神山城とそれ以前の居城だった花園《はなぞの》城（埼玉県寄居《よりい》町《まち》）を婿《むこ》の北条氏邦に譲り、自分は用土《ようど》城（同前）に移って「用土新左衛門尉《しんざえもんのじょう》」と改名したそうです。重利は、一五五五年（天文二十四）か一五六〇年（永禄三）に死去したとされますが、もし前者だったら、信吉さんが生まれる前のことなので、計算が合わないんですよね。その場合、信吉さんは重利の子ではなく、同じ藤田一族の用土業国《なりくに》の子だったとも考えられます。この用土業国の官職名も「新左衛門尉」なので、後世の史料が藤田重利と混同したのかもしれません。

信吉さんには十六歳年上の兄がいて、父の跡を継いで用土重連《しげつら》と名乗っていました。兄は北条家の重臣となり、当主の北条氏政《うじまさ》（氏邦の兄）から上野《こうずけ》の沼田城（群馬県沼田市）の城代を任されるなど台頭し始めていました。すると、主君の北条氏邦が、「沼田城はわが才覚で取った城だから、我に預けられるべきである」と不満を抱き、なんと一五七八年（天正《てんしょう》六）に用土重連を毒殺。

この緊急事態で跡を継いだのが信吉さんです。父や兄と同じく「用土新左衛門尉」を名乗り、北条氏政は毒殺の真相を知らなかったのか、引き続き信吉さんが沼田城の城代となっています。となると当然、不満を解消できていない北条氏邦の毒牙《どくが》の標的になってしまいます。北条氏邦は、「信吉が良からぬことを考えている」というようなことを兄の北条氏政や甥《おい》の北条氏直《うじなお》（氏政の子）に讒言《ざんげん》（告げ口）して、信吉さんを粛清《しゅくせい》しようと試みます。信吉さん、危うし！

信吉さんはこの大ピンチを、とある人物と連携《れんけい》を図ることで脱出します。その人物というのが、武田勝頼《たけだかつより》の重臣で、上野の攻略担当だった、あの真田昌幸《さなだまさゆき》です。

兄を毒殺されたことを知り、北条氏邦を深く憎んでいた信吉さんは、北条家から離反するタイミングを狙《ねら》っていました。そこに真田昌幸から「武田家に付かないか？」という調略《ちょうりゃく》の知らせが届きます。そして、一五八〇年（天正八）に武田軍が沼田城を攻撃するのに合わせて、信吉さんは沼田城内で謀反《むほん》を起こし、憎き北条氏邦の兵を武田軍と挟み撃ちにしてことごとく討《う》ち取ったといいます。北条氏邦は沼田城にはいませんでしたが、信吉さんの仇《あだ》討ちは見事に成功しました。

要衝《ようしょう》の沼田城を手に入れられた武田勝頼は大喜び。信吉さんを武田家の重臣として迎え入れ、北条氏邦こと「藤田氏邦」に対抗するために名字を「藤田」に戻させ、新たに沼須城《ぬます》（群馬県沼田市）の城主に任命（沼田城は真田昌幸が管理）。また、官職名も「新左衛門尉」から「能登守《のとのかみ》」に改めています。この改名も北条家に対抗するもので、実は北条氏邦の側近に富永助盛《とみながすけもり》（のちの猪《いの》俣邦憲《またくにのり》）という人物がいまして、この人の官職名が「能登守」だったんです。ちなみに、真田昌幸の官職名は「安房守《あわのかみ》」ですが、同じ安房守を名乗っていたのが北条氏邦なんです。あ、官職名というのは戦国時代では〝自称〟がほとんどで、各大名家でそれぞれ勝手に名乗っていました。

さらに、信吉さんは武田信玄《しんげん》の孫娘（武田竜宝《りゅうほう》〈信玄の次男〉の娘）を妻に迎えて、いきなり武田一門扱いになっています。すごいＶＩＰ待遇！　信吉さんの最初の転職、大成功です。

○沼田城奪還を目指した滝川一益との決戦

しかし、武田家の繁栄も長くは続きませんでした。一五八二年（天正十）の「甲州征伐《こうしゅうせいばつ》」で織田《おだ》信長《のぶなが》や徳川家康《とくがわいえやす》らの軍勢によって滅ぼされてしまうのです。信吉さんのことを検索すると「武田家の家臣」とよく出てくるのですが、信吉さんが武田家に仕えていたのはわずか二年ほどでした。

武田滅亡後、信吉さんは関東へ派遣《はけん》された信長の家臣の滝川一益《たきがわかずます》に臣従。ところが、信長は武田家滅亡から三ヶ月後に「本能寺《ほんのうじ》の変」で死去。すると関東の勢力図も一変し、それまで信長に従っていた北条家が、滝川一益を攻める動きを見せます。そこで信吉さんは、独自の動きを始め、沼田城の奪還に動き始めます。滝川一益が「真田からもらったのだから真田に返す」と信吉さんに沼田城を明け渡すのを拒否すると、信吉さんと滝川一益による沼田城攻防戦が始まるのです。

当時、滝川一益の居城は厩橋《まやばし》城（のちの前橋《まえばし》城。群馬県前橋市）だったので、沼田城は甥の滝川儀太夫《ぎだゆう》（益重《ますしげ》）が四千の兵で守っていました。信吉さんは五千の兵で沼田城を攻めると、元城代という経験を活かして、曲輪《くるわ》を一つ（水曲輪）を落とすなど序盤は優勢に戦いを進めました。

ところがどっこい、滝川儀太夫が事前に信吉さんの動きを滝川一益に伝えていたことから、滝川一益が自ら大軍を率いて援軍に駆け付けました。その数、なんと二万。さらに周囲の国衆《くにしゅう》（小勢力の地侍《じざむらい》）たちも滝川一益に味方したことから信吉さんは、ほぼほぼ〝詰んだ〟状態になってしまいました。

それでも信吉さんはあきらめず、この日の夜に動きます。信吉さんは、援軍に来た滝川一益の軍勢が渡河《とか》しそうな片品川《かたしながわ》の浅瀬をリサーチして、そこにスクラップ（塵芥《じんかい》）で作った人形を立てると、三尺《じゃく》余（約九十一センチ）に切った竹を持たせて火縄銃《ひなわじゅう》に見せかけ、竹の先端には雨でも消えない火縄を付けたそうです。また、紙で作った旗も立てて、篝火《かがりび》を焚《た》かせ、大軍に見せかけたといいます。これこそ、人呼んで〝塵芥の策〟！　いいえ、私が勝手に名付けただけです（笑）。

何としても今夜中に城を落としたい信吉さんは攻城戦でも策を巡らせます。まず、沼田城を攻めていた三つの備《そなえ》（軍勢）の内、信吉さんの旗本《はたもと》（本隊）以外の二つの備を悪天候を利用して密《ひそ》かに左右に一町《ちょう》（約百九メートル）ほど撤退させ、その後に敵にわかるように旗本が撤退《てったい》を開始。すると、好機だと思った沼田城の城兵は、城を出撃。信吉さんは敵を引き付けて合図の鉄砲を発射すると、潜んでいた二つの備が勝ち鬨《どき》を上げながら、城攻めを敢行。城兵たちはあわてて帰城したものの、今度は信吉さんの旗本が反転して追撃し、約二百もの敵兵を討ち取りました。そして、城の北を流れる薄根《うすね》川《がわ》の北側に陣を張って、再び出撃してきた敵軍との決戦に持ち込もうとしましたが、滝川儀太夫は城の防御を固めて出陣せず、信吉さんの万策は尽きてしまいました。

この攻城戦は羽柴秀吉《はしばひでよし》が明智光秀《あけちみつひで》を破った「山崎《やまざき》の戦い」が起きた六月十三日に起きたそうです。信吉さんにとっての〝天王山《てんのうざん》〟は無念ながら敗退。信吉さんは家臣たちを集めて、これまでの忠勤に感謝するとともに別れの言葉を述べ、青色や黄色が施された金襴《きんらん》の陣羽織《じんばおり》を切り裂いて、ひとりひとりに形見として手渡すと、家臣たちは、みな涙を流したといいます。その直後、信吉さんは、「滝川は追撃をしてくるだろう。沼田城を巡る戦いではなく、落ち延びる時に滝川と一戦に及んで背中を見せようものなら、後世で嘲笑《ちょうしょう》を受ける。だからここで切腹する」と言い出して刀に手を掛けたので、家臣たちがなんとか取り押さえて落ち延びさせたんだそうです。

○轟く勇名とともに上杉家に迎えられる

上野を離れて越後に向かった信吉さん。五千の兵を率いていましたが、従ったのはわずか八十三人でした。頼った相手は上杉景勝《かげかつ》（謙信の甥、養子）。名将・藤田信吉の名は越後にも轟《とどろ》いていたのでしょう、なんと引き連れた家臣ともども、すぐさま上杉家の家臣として迎え入れられるのです。しかも、米千俵、黄金百両、良馬三匹、その他にも衣服や多くの品々をプレゼントされるほどのこれまたVIP待遇。信吉さん、悔しい敗戦はありましたが、二度目の転職も成功です。

信吉さんの上杉家時代の活躍もすさまじくて、『藩翰譜《はんかんふ》』（一七〇二年〈元禄《げんろく》十五〉完成）などによると、上杉家に来た年に起きた新発田重家《しばたしげいえ》（上杉景勝の重臣だったが反乱）との新発田城（新潟県新発田市）での戦いで八十六もの首級《しゅきゅう》を挙げる武功を挙げ、長島城（場所など詳細不明）の城主に就任。三百の侍を率いる立派な侍大将になったといいます。超スピード出世です。

続けて一五八五年（天正十三）五月には、富山城（富山県富山市）の佐々成政《さっさなりまさ》を討とうと出陣してきた羽柴秀吉と上杉景勝が手を組むために落水《おちりみず》城（新潟県糸魚川《いといがわ》市）で対面することになったのですが、『改正三河後風土記《かいせいみかわごふどき》』（一八三三年〈天保《てんぽう》四〉完成）などによると、上杉景勝に従った家臣の中に、なんと信吉さんがいたそうです。選抜された他のメンバーは直江兼続《なおえかねつぐ》や安田能元《やすだよしもと》、泉《いずみ》沢久秀《さわひさひで》という上杉景勝に長年仕える側近ばかりでしたから、信吉さんへの期待ぶりがわかります。その翌年、上杉景勝が上洛《じょうらく》して秀吉に謁見《えっけん》する時の選抜の家臣にも選ばれたといいます。

他にも、新発田重家方の新潟城（新潟県新潟市）や沼垂《ぬたり》城（同前）を調略によって攻略。一五八七年（天正十五）には安田能元とともに上杉家の副将として、今泉城（新潟県上越市）や赤谷《あかたに》城、五十公野《いじみの》城（ともに新発田市）も調略を用いて陥落させ、新発田重家を自害に追い込んでいます。また、一五八九年（天正十七）の佐渡《さど》（新潟県）の平定戦でも活躍。そして、一五九〇年（天正十八）に秀吉による「小田原征伐」が始まり、信吉さんにとって〝運命のイタズラ〟が起きるのです。

上杉景勝は前田《まえだ》利家《としいえ》や真田昌幸らの軍勢で組織された北国勢《ほっこくぜい》として参戦。信吉さんは上杉軍の先陣を任されたそうです。北国勢は碓氷峠《うすいとうげ》（群馬県と長野県の県境）から進軍して松井田城（群馬県安中《あんなか》市）や厩橋城、箕輪《みのわ》城（群馬県高崎市）や松山城（埼玉県吉見《よしみ》町《まち》）などを次々攻略。そして、五月から鉢形《はちがた》城（寄居町）を攻め始めました。

鉢形城を守るのは、何の因縁か、兄の仇《かたき》である北条氏邦。北条氏邦は藤田重利から天神山城や花園城を譲られましたが、のちに鉢形城に居城を移していました。城内には、信吉さんの姉の大福御前もいたようですし、籠城《ろうじょう》していた者たちの中には旧知の人々もたくさんいたことでしょう。

北国勢は約三万五千の兵力で包囲して攻撃。『改正三河後風土記』などによると、信吉さんは七十九もの首級を挙げたそうです。しかし、鉢形城は荒川の断崖絶壁《だんがいぜっぺき》に築かれた要害《ようがい》のため、約一ヶ月の長期戦となりました。防戦を続けた鉢形城ですが、逃げ出す兵も現れ、兵糧《ひょうろう》も不足し始めました。城内の様子を知った信吉さんは、義兄弟の誼《よしみ》を通じて北条氏邦と交渉し、開城するように勧めます。そして、北条氏邦は城兵の助命を条件にして、ついに開城を決意しました。

鉢形城の城兵たちは助命され、北条氏邦も命を取られることはなく、正龍寺《しょうりゅうじ》（寄居町）で剃髪《ていはつ》、前田家に預けられ、一五九七年（慶長《けいちょう》二）に金沢で亡くなると、遺骨は正龍寺に移されました。また、信吉さんの姉の大福御前は、正龍寺で出家して尼《あま》になり、生き別れた夫や弟、残された家臣たちのことを想《おも》って千日もの間お祈りを果たすと、夫に先立って自害をしたと伝えられています。現在、正龍寺には北条氏邦と大福御前の墓、藤田重利（康邦）夫婦の墓が残り、境内《けいだい》の南には「大福御前自刃《じじん》の地」という石碑が立てられています。

この「鉢形城の戦い」後も、信吉さんは八王子《はちおうじ》城（東京都八王子市）での攻城戦でも活躍しています。八王子城は北条氏照《うじてる》（氏康の三男。氏邦の兄）の城ですが、北条氏照は小田原城にいたため家臣たちが守っていました。八王子城は険峻《けんしゅん》な山に築かれた堅城でしたが、わずか一日で落城しています。そのキッカケを作ったのが信吉さんだったみたいです。信吉さんの家臣にいた八王子の周辺出身の平井無辺という人物に城内への抜け道を案内してもらい、東側の水の手道から忍び寄り、三の丸の一庵《いちあん》曲輪を一気に落とし、そのまま本丸を攻めて落城させたといいます。

その後、小田原城も開城となり北条家は滅亡。一種の仇討ちをした信吉さんの波瀾万丈《はらんばんじょう》な武将人生もなんだか終わりを迎えそうな雰囲気ですが、まだ終わりません（笑）！

○直江兼続の讒言で心ならずも上杉を離れる

続いて、時代は豊臣政権。『藩翰譜』などには、その頃のこんな話が伝わっています。

秀吉は「小田原征伐」の後に一五九二年（文禄《ぶんろく》元）から「文禄の役《えき》（第一次朝鮮出兵）」を行います。上杉景勝も、出兵の拠点となっていた肥前《ひぜん》の名護屋《なごや》城（佐賀県唐津《からつ》市）に向かうため海路で進軍。途中、厳島《いつくしま》神社で有名な宮島《みやじま》（広島県廿日市《はつかいち》市）に宿泊しようとしましたが、そこには徳川家康の家臣たちがすでにいるではありませんか。予定では上杉軍が先手を命じられているので、宿泊するのは上杉軍です。上杉家が「速《すみ》やかに明け渡すべし」と徳川家に伝えると、血の気の多い武将たちです、いつの間にやら口論になり、そのまま戦《いくさ》になりそうな一触即発《いっしょくそくはつ》のムードになってしまったのです。そんなヤバい状況をスカッと解決したのが信吉さんだったそうです。

「すでに（徳川軍が）陣を張っているのに立ち退かせるのは穏便ではない。また逆に、御陣（徳川軍）が陣を張っていることも、軍法を乱すものである。ここは上杉景勝が陣を取れる宿だけ明け渡してもらいたい。宿を明け渡した人々は、そのまま先へ陣を進めていただき、その他の人々は元の宿に陣を張ってもらって構わない」

なんという神対応！　めちゃくちゃスマートですね。

この信吉さんの対応を後で聞いた家康は、「徳川家の家臣が面目を失わずに済んだのは信吉の計らいによるものである」と大絶賛。家康には信吉さんの才覚が非常に印象に残ったようです。

この「宮島の宿事件」（これまた勝手に名付けただけです）から六年後の一五九八年（慶長三）、秀吉が死去したことを受けて上杉景勝の弔使《ちょうし》（死者を弔うための使者）として上洛。その時に家康と謁見するのですが、その時に「宮島の宿事件」のお礼も兼ねて、家康は「青江直次《あおえなおつぐ》の御刀」「黄金百両」「小袖《こそで》二十領」などふんだんにプレゼントをしてくれたそうです。この「宮島の宿事件」の対応が生きたのか、この二年後に信吉さんは再々々就職で家康に仕えることになるのです。

家康の家臣になった一六〇〇年（慶長五）といえば、「関《せき》ヶ原《はら》の戦い」が起きた年です。

上杉景勝は豊臣政権で「五大老《ごたいろう》」（他に徳川家康、前田利家、毛利輝元《もうりてるもと》、宇喜多秀家《うきたひでいえ》）に任命されていたのですが、秀吉の死の翌年に前田利家が亡くなり、「五奉行《ごぶぎょう》」の石田三成《いしだみつなり》（他に増田長盛《ましたながもり》、前田玄以《まえだげんい》、長束正家《なつかまさいえ》、浅野長政《あさのながまさ》）が追放されるとパワーバランスが崩れていき、家康が実権を掌握。

そんな家康のターゲットとなったのが会津《あいづ》（福島県会津若松市）の上杉景勝でした。この頃、上杉景勝は鶴ヶ城（会津若松城）に代わる新たな拠点として神指城《こうざし》（会津若松市）の築城を開始。さらに、浪人を雇い、道の整備を行っていました。そんな上杉景勝の行動を、「戦うための準備をしている」と周囲の大名たちが家康に密告したため、上杉景勝に〝謀反の疑い〟が掛けられたのです。家康から上洛して弁明するよう促された上杉景勝は、それには応じず、代わりに重臣を派遣します。その重臣というのが津川城（新潟県阿賀町《あがまち》）の城主となっていた信吉さんでした。

この正月も信吉さんは上杉景勝の代理として大坂城を訪れて、家康に新年の挨拶《あいさつ》を行うなど、豊臣政権の首脳陣との貴重なネゴシエーターになっていたようです。家康と対立することは得策ではないと考えた信吉さんは、会津に戻ると上杉景勝に上洛を提案しました。

しかし、この家康との協調路線に直江兼続が大反対、上杉家中の意見は真っ二つに分裂します。そして、直江兼続が「藤田信吉が家康に通じている」と上杉景勝に讒言すると、「藤田信吉を誅《ちゅう》殺《さつ》する」という噂《うわさ》が流れ始めたのです。上杉家にこれ以上いられない状況になってしまった信吉さんは、「謀反する気持ちは自分にはない」という起請文《きしょうもん》を書き残して、三月十三日に会津を脱出。上洛して大徳寺《だいとくじ》（京都市北区）で出家し、「源心《げんしん》」と名乗りました。

協調路線派の信吉さんを失った上杉家は強硬路線一直線。信吉さんの出奔《しゅっぽん》から一ヶ月後の四月には有名な「直江状」と呼ばれる書状で、家康や密告した大名たちを糾弾《きゅうだん》しています。

結局、家康は「会津征伐」を決定。六月に出陣が命じられ、七月には家康が江戸城に入城、会津に大軍勢が迫ります。しかし、それと時を同じくして畿内でクーデターが勃発《ぼっぱつ》！　毛利輝元や石田三成、大谷吉継《おおたによしつぐ》などが、家康を政権から追放するために挙兵したのです。家康の軍勢は西に向かい、美濃《みの》（岐阜県）で「関ヶ原の戦い」が勃発します。「関ヶ原の戦い」の解説や、真偽について諸説ある「直江状」は、拙著『ドタバタ関ヶ原』をご参照いただければと思います。

○家康家臣として数々のトラブルを解決

さて、京都で出家した信吉さんですが、もう少し物語は続きます。

『藩翰譜』によると、会津に出陣する家康は上杉家や関東の事情通である信吉さんのもとに使者を送って、「下野《しもつけ》の那須《なす》（栃木県那須町）に十万石《ごく》の領地を与える」と破格のオファー。しかし信吉さんは、「上杉家を去ったのは讒人（讒言をする人）を取り調べてもらい、我が二心（謀反をしようとする心）がないことを明らかにしたかったからである。今、御陣（家康軍）に招かれることは望んでいない」とキッパリと拒否したといいます。なんだか、カッコいい逸話が多いですね！

それでも家康が側近の本多正信《ほんだまさのぶ》を派遣して、「二心がないなら、上杉家が滅びないように考えるべきではないか。もし上杉家が滅びたら、その後は誰のためにその忠義を尽くすのか」と説得をすると、信吉さんはようやく納得。今度は上杉家の存続のために動き回ったといいます。

「関ヶ原の戦い」の後、信吉さんは家康のもとを離れて上杉景勝のもとに戻ろうとしますが、家康は、「上杉家が本領に復帰した時に望み通りにしたらよいから、まずは関東（徳川家）に仕えてはどうか」と、こちらもちょっとズルい説得（この後、上杉家が本領に戻ることはない）をして信吉さんを引き続き徳川家にキープ。信吉さんは下野の西方《にしかた》（栃木県栃木市）に一万五千石の領地を与えられ、新たに二条城《にじょう》を築いています。この二条城の北西の山頂には戦国時代の宇都宮《うつのみや》一族・西方家の山城があり、二条城の約一キロ南にある実相寺《じっそうじ》には信吉さんのお墓が建てられています。

こうして、本人は望んでいなかったものの、信吉さんの三度目の転職も大成功となりました。

そんなある日、上杉景勝が家康を訪ねてきた時に信吉さんを呼んで、これまでのことを二人で語り合いました。まだ上杉家への復帰を願っていた信吉さんに対して、上杉景勝は「汝《なんじ》の志《こころざし》はすでに伝わっているから、景勝が本領に戻るまで、このままにしなさい」と、家康に仕え続けるように伝えたといいます。良い話！　この対談後、信吉さんは心機一転、名を「重信《しげのぶ》」と改めました。何でも、これまでも使っていた「信」は藤田家の分家が使う字で、「重」は本家が必ず使う字だったそうなので、本家亡き今、自らが嫡流《ちゃくりゅう》であることを示す意味があったみたいです。

その後、信吉さんは一六〇二年（慶長七）に、とあるクーデター計画を未然に鎮圧します。この年、常陸《ひたち》（茨城県）の佐竹義宣《さたけよしのぶ》が秋田へ領地替えとなったのですが、反対した佐竹家の家臣が水戸城（茨城県水戸市）を奪い取って義宣を迎え入れるという謀略を企《くわだ》てます。信吉さんはこの謀反の噂を聞くと、速やかに車斯忠《くるまつなただ》（丹波守《たんばのかみ》）や馬場《ばば》和泉守《いずみのかみ》など首謀者五人を捕らえて処刑。謀反を事前に防ぎ、家康から毛利月毛《つきげ》という名馬や小袖三十領などを褒美《ほうび》としてもらったそうです。

一六一四年（慶長十九）には家康の重臣だった大久保忠隣《おおくぼただちか》がいきなり改易《かいえき》される事件があったのですが、その時には大久保忠隣の小田原城の接収を任され、続けて里見忠義《さとみただよし》（大久保忠隣の孫婿）が領地替えを命じられると今度は里見忠義の館山《たてやま》城（千葉県館山市）の接収を任されるなど、信吉さんは家康からトラブル対応と事後処理能力を評価されていたようです。

○「大坂の陣」後の潔い引き際

そして、物語はクライマックス！　「大坂の陣」に突入します。

信吉さんは「大坂冬の陣」では先陣の右の部隊に指名されます。この時、中央の部隊は歴戦の兵《つわもの》の立花宗茂《たちばなむねしげ》、左の部隊は本多正信だったそうなので、信吉さんの大物感が伝わってきます。

翌年の「大坂夏の陣」では榊原康勝《さかきばらやすかつ》の軍監《ぐんかん》を担当。榊原康勝は〝徳川四《し》天王《てんのう》〟と称される榊原康政《やすまさ》の子で、加藤清正《かとうきよまさ》の娘婿でもあった二十五歳の期待の若手です。軍監というのは、合戦時のアドバイザーやブレーンのようなもので、ベテラン武将がよく任命されていました。

榊原軍の戦場は天王寺《てんのうじ》（大阪市天王寺区）。真田信繁《のぶしげ》（幸村《ゆきむら》）など屈強な豊臣軍の武将と大激戦となった場所です。信吉さんは二ヶ所傷を負うなど奮戦し、信吉さんの軍勢も二十三の首を取るなど武功を挙げたものの、信吉さんはなんと榊原康勝の重臣たちに訴えられてしまうのです。

訴訟内容は「若江《わかえ》（大阪府東大阪市）で榊原軍が武功を挙げられなかったのは、藤田信吉のせい」というものでした。先ほどの「天王寺の戦い」は五月七日で、「若江の戦い」はその前日の合戦です。この戦いで、榊原康勝が焦って前に出ようとしたため、信吉さんは馬を寄せて、「今少し控えなくては、のちの勝利は得づらいものです」と説得。納得した榊原康勝は自重し、軍勢を整え直していると、なんとその間に敵が敗走、追撃する井伊《いい》直孝《なおたか》の軍勢に遅れを取ってしまいました。榊原康勝の家老たちは、この失敗を信吉さんのアドバイスのせいだと訴えたわけです。

最終的に家康の御前での対決となり、家康が、「藤田の差引《さしひき》（指示）には見積もりの相違があった。若者の勇気を制止したのはいかがなものか」と問いました。信吉さんは「敵に伏兵《ふくへい》がいると思って準備をしたが、伏兵はいなかった」と自分の非を認め、「それがしの見積もりには相違がありました。これは軍の理《ことわり》が未熟だったという罪です」と一切言い訳をしなかったといいます。

『管窺武鑑』によると、判決を待つ間、信吉さんは戦傷を治療するために信濃の諏訪《すわ》（長野県諏訪市）へ湯治《とうじ》に向かったそうです。しかし、腫気《しゅき》（むくみ）や黄疸《おうだん》（肝臓の疾患などで目や皮膚が黄色くなる症状）を発症。動悸も激しくなり、苦しみが増したことから、京都で治療するために中山道《なかせんどう》を西に向かいます。しかし、奈良井《ならい》（長野県塩尻市）で容体が悪化。信吉さんは、ここが死に時と思ったのか、治療を拒み、一六一六年（元和《げんな》二）七月十四日に五十八歳で死去したといいます。

男子がいなかった信吉さんは、水戸の徳川家に仕えていた義理の孫（祖母が未亡人となり、信吉さんに嫁《とつ》いでいた）の吉江定景《よしえさだかげ》（夏目《なつめ》定景）を後継者に考えていたものの、江戸幕府への正式な届け出が届いていなかったため、西方の領地は没収となり、藤田家は断絶となってしまいました。

ちなみに、信吉さんを知る上で度々引用してきた『管窺武鑑』という江戸時代初期の史料。著者の夏目定房《さだふさ》は、なんと吉江定景の弟なんです。つまり、こちらも藤田信吉の義理の孫にあたることになります。そりゃあ、信吉さんのこと、カッコよくまとめますよね！

しかし、ローカルな武将なのに、あの武田勝頼や上杉景勝、そして徳川家康に重用されて、「会津征伐」や「関ヶ原の戦い」という日本史のターニングポイントのトリガーになったなんて、地元民として嬉《うれ》しくなっちゃいます。埼玉が生んだ名将として、もっともっと有名になってほしい！

九戸政実

知られざる天下統一、最後の戦い！
秀吉に喧嘩を売った〝みちのくの雄〟

どんマイナー
パラメーター

統率力	★★★★★
武勇	★★★★
知略	★★★★
政治力	★★★
居城は〇戸城	★★★★★

○秀吉と戦った最後の戦国大名

「問題です！　豊臣秀吉《とよとみひでよし》による天下統一は何年に、何の戦いで成し遂げられた？」

そう聞かれれば「一五九〇年（天正十八《てんしょう》）の小田原《おだわら》攻め（征伐《せいばつ》）！」と答える方がほとんどかと思います。ところが、実は天下統一したはずの秀吉は、翌一五九一年（天正十九）に東北に大軍を派遣《はけん》して九戸城《くのへ》（岩手県二戸《にのへ》市）というお城を攻めているんです。この戦いを「九戸政実《まさざね》の乱」と呼び、城将はその名の通り九戸政実です。

教科書には登場しないこの合戦以降、国内では秀吉と争う大名はいなくなっていますので、政実さんは、カッコよく言うと〝秀吉と戦った最後の戦国大名〟ということになります。

珍しい名字の「九戸」ですが、これは領地だった九戸（岩手県九戸村）という地名に由来するもので、現在の岩手県から青森県にかけて一戸《いちのへ》から九戸までがあり、今も地名として使われています。この「〜戸」については、拙著『ヘンテコ城めぐり』で一戸城から九戸城（二戸城と六戸城はないが）を紹介していますので、ご参照いただければと思います。

この「九戸家」ですが、名門の「南部家《なんぶ》」の分家にあたります。南部家は「三日月の丸くなるまで南部領」（三日月が満月になるまで歩いてもまだ南部領）と歌われたほどの広大な領地を持った東北屈指の大名でした。東北の名産品である南部煎餅《せんべい》や南部鉄器などの名前は、この南部家に由来するものです。

政実さんは『二戸郡誌』などによると一五三六年（天文《てんぶん》五）生まれと考えられるので、織田信長《おだのぶなが》よりも二歳年下、のちに戦う秀吉よりも一歳年上にあたります。三戸《さんのへ》（青森県三戸町）を拠点とした南部家の本家に仕え、一五六九年（永禄《えいろく》十二）には鹿角《かづの》（秋田県北東部）に侵攻してきた安《あん》東愛季《どうちかすえ》（193P参照）を撃退して鹿角を奪還するなど、南部軍の大将を務めるほど武勇に秀《ひい》でた人物だったようです。また、室町幕府の将軍家からも一目《いちもく》置かれる存在だったらしく、一五六三年（永禄六）の幕府に従う家臣や大名の名簿（『永禄六年諸役人附』）にも、本家の当主である南部大《だい》膳亮《ぜんのすけ》（晴政《はるまさ》）と並んで九戸五郎（おそらく政実さん）の名が記されています。また『南部史要』（一九一一年刊行）には、「二万七、八千石《ごく》の領地があり、家臣の筆頭であるだけでなく、富は宗家を越えていた」と記されています。

○南部本家との骨肉の争い

そんな政実さんが〃反乱〃を起こすキッカケとなったのが、南部本家の御家騒動です。

南部家の二十四代目にあたる南部晴政には実子がなかったため、従兄弟《いとこ》にあたる南部信直《のぶなお》を娘と結婚させて養子に迎え、後継者に指名していました。ところが、一五七〇年（元亀《げんき》元）になって南部晴政に実の子（南部晴継《はるつぐ》）が生まれると、南部晴政は息子を溺愛《できあい》。その三年後に南部信直に嫁《とつ》いでいた娘が亡くなると晴政と信直の関係は一気に悪化。実の子どもに南部家を継がせたいと思った南部晴政は、南部信直を遠ざけるようになり、『八戸《はちのへ》家伝記』（元禄《げんろく》年間〈一六八八～一七〇四〉成立）によると自ら兵を率いて南部信直を襲撃して殺そうとしたそうです。そのため、南部信直は自身の危険を感じて、後継者を辞退して領地だった田子《たっこ》（青森県田子町）に退いています。

これで御家騒動は収束しそうな気もしますが、一五八二年（天正十）年に南部晴政が死去して、息子の南部晴継が跡を継いだ直後に問題は再燃。『公国史』（江戸時代後期の盛岡藩の記録集）などによると、なんと南部晴継は父の葬儀を終えたその帰り道に、何者かに襲撃され暗殺されてしまったというのです。黒幕に政実さんを疑う人が多かったようですが、南部信直も間違いなく怪しいです。

こうして、再び後継者問題が勃発《ぼっぱつ》。元後継者だった南部信直に対して、政実さんは自らの弟の九戸実親《さねちか》を推します（史料によっては、政実さん自身が南部本家を継ごうとしたとも）。実は弟の九戸実親も、南部本家から正室を迎えていたんです。政実さんを支持する南部家の重臣が多かったものの、南部信直を推《お》す北信愛《きたのぶちか》（こちらも南部家の分家。188P参照）の大演説に押し切られて敗北。半ば強引に南部信直が継ぐこととなりました。

この一件に不満を抱いた政実さんは南部本家との対立を深めていき、出陣命令が出ても病気と称して出陣しなかったりと、両者の関係性は悪化の一途を辿《たど》りました。

そんな中、一五九〇年（天正十八）に「小田原攻め」が起きます。秀吉は東北の大名たちにも参陣するように命令を出すと、以前から豊臣政権と連絡を取っていた南部信直は秀吉のもとに参陣。戦後に行われた「奥州仕置《おうしゅうしおき》」によって東北の大名たちの領地の配分や改易《かいえき》などが決められ、いわゆる「太閤検地《たいこうけんち》」も行われました。すると、これに反発した勢力が一斉蜂起《ほうき》。「葛西《かさい》・大崎《おおさき》一揆《いっき》」や「和賀《わが》・稗貫《ひえぬき》一揆」などが立て続けに勃発します。南部信直は新たに与えられた領地で発生した一揆の鎮圧《ちんあつ》に奔走《ほんそう》。そのタイミングを狙《ねら》って、政実さんが動きます。

翌一五九一年（天正十九）の正月、南部本家への年賀の挨拶《あいさつ》を、また病気と称して欠席して、本家との決別を表明。南部信直が一揆に翻弄《ほんろう》されている間に味方を募《つの》って戦の準備を進め、三月に挙兵します。こうして「九戸政実の乱」が勃発します。

○秀吉軍が城を包囲！　どうする政実？

本家をしのぐ力を持っていた政実さんに味方する勢力はかなり多く、南部信直は鎮圧どころか防戦一方。中にはこっそりと政実さんに通じていて寝返る者もいたため、南部信直は滅亡してもおかしくない状況へと追い込まれていきました。しかし、ここでラスボスが登場します。豊臣秀吉です。

大ピンチとなった南部信直は、自分だけの力では政実さんに勝てないと考え、京都に使者を送って天下人《てんかびと》の秀吉を頼ったのです。東北で反乱が連発していたこともあり、秀吉はすぐさま鎮圧軍の派遣を決定します。鎮圧軍は豊臣秀次《ひでつぐ》（秀吉の甥《おい》）を総大将として、伊達政宗《だてまさむね》や徳川家康《とくがわいえやす》、前田《まえだ》利家《としいえ》、石田《いしだ》三成《みつなり》や大谷吉継《おおたによしつぐ》など名だたる武将たちが名を連ねています。六月には各方面から一揆勢の鎮圧が始まり、八月までには「葛西・大崎一揆」と「和賀・稗貫一揆」も鎮《しず》められ、ついに九戸城に秀吉軍が迫ります。

九月一日には九戸方の前線拠点である根反《ねそり》城と姉帯《あねたい》城（ともに岩手県一戸町）が秀吉軍の猛攻にあって落城。翌二日に総勢六万五千といわれる秀吉の大軍が九戸城を包囲しました。

この九戸城の攻防戦については『南部根元記《こんげんき》』（元禄年間以前に成立）や『九戸軍談記』（一八一九年〈文政《ぶんせい》二〉成立）などの軍記物で詳しく描かれています。それらによると九戸城を攻めた武将には、政実さんの天敵である南部信直をはじめとした津軽為信《つがるためのぶ》や秋田実季《あきたさねすえ》などの東北勢、蝦夷《えぞ》（北海道）の松前慶広《まつまえよしひろ》、さらに秀吉の家臣である蒲生氏郷《がもううじさと》や堀尾吉晴《ほりおよしはる》、浅野長政《あさのながまさ》、それに加えて家康家臣の井伊直政《いいなおまさ》という面々だったそうです。

それに対して、九戸城の城兵はわずか五千ほど。それでも九戸城の士気は高く、政実さんは各防衛口に回って細かく指示を出したそうで、秀吉軍が鬨《とき》の声を上げて弓矢や鉄砲、大砲などを撃ち掛けてきても城兵たちは怯《ひる》むことなく応戦します。兵数に物をいわせて切岸《きりぎし》（人工的に削った崖《がけ》）を登ろうとする秀吉軍に対して弓矢と鉄砲を散々に撃ちまくって、傷を負うことなく敵を撃退。城兵たちはまったく弱気になる気配はありませんでした。この戦況を見た蒲生氏郷は、「城中に鉄砲の名手がいるようだ」と家臣を呼んで、唐傘《からかさ》を開いて立てさせます。そして、九戸城に向かって、「源平《げんぺい》の合戦では扇子《せんす》を的に立てたそうだが、今は唐傘を的に立てようと思う。われこそはという者はこれを撃ってみろ」と叫ぶと、九戸城にいた工藤右馬之助《くどううまのすけ》（兼綱《かねつな》）という者が名乗りを上げ、百間《けん》（約百八十一メートル）ほど離れた唐傘を見事に撃ち抜いて、両軍から大喝《かっ》采《さい》を浴びたといいます。

ちなみに当時の政実さんの姿は、萌黄《もえぎ》（黄色みを帯びた緑）の直垂《ひたたれ》に、緋威《ひおどし》の鎧《よろい》（緋色の糸を使った甲冑《かっちゅう》）、龍頭《りゅうず》の前立てが付いた兜《かぶと》を被り、〝鷲《わし》の子〟と呼ばれていた三尺《じゃく》五寸《すん》（約百六センチ）の太刀《たち》を身に付け、葦毛《あしげ》（灰色の毛）の馬に乗っていたんだそうです。めっちゃ、カッコよかったでしょうね！

さて、政実さんと城兵だけでなく、政実さんが改築した九戸城も防御力に長《た》けた城郭でした。三方を川（猫淵川《ねこぶちがわ》、白鳥川《しらとりがわ》、馬淵川《まべちがわ》）に囲まれた天然の要害《ようがい》で、切岸はまるで巨大な屏風《びょうぶ》のように広がり、堀は深くて土塁《どるい》は高く、頑丈に造られた塀《へい》には狭間《さま》を数多く設置して、その上に櫓《やぐら》を構えていたそうです。『南部根元記』では、「たとえ数千万の軍勢が攻めても、たやすくは落とせないだろう」と〝盛り気味〟に絶賛されています。さぁ、難攻不落の九戸城を前にどうする秀吉軍！

○秀吉の〝騙し討ち〟に散る

秀吉軍は九戸城のことを〝小城〟と侮《あなど》っていたようですが、政実さんの戦術を前に大苦戦。力攻めをして落とそうとしても、ただ無駄に兵を失っていくばかりです。それに加えて、秀吉軍が大軍すぎて兵糧《ひょうろう》が不足するという事態に陥ってしまいます。

そこで浅野長政は「政実をすかして（騙《だま》して）」九戸城を落とす策略を提案、実行に移します。

秀吉軍は政実さんの菩提寺《ぼだいじ》である長興寺《ちょうこうじ》（九戸村）の僧・薩天《さってん》を呼び出して、政実さん宛ての書状を渡して開城の交渉役を命じます。その書状には次のようなことが書いてありました。

「大軍を引き受けて籠城《ろうじょう》を堅固にして守り抜き、天下を敵にして戦い、本懐《ほんかい》は達せられたでしょうか。もう本丸を追い崩して、城兵の首をすべて刎《は》ねるところまできています。願わくは、政実は早く降参して、天下に逆心がないことを申し開くべきでしょう。そうすれば一門や家臣まで、命は助けられ、かつ武勇の噂《うわさ》が（秀吉の）耳に届けば、その武功を褒《ほ》められて、かえって領地を与えられるかもしれません」

なんとも臭《にお》う内容ですね。弟の九戸実親は、「降参はせずに城を枕《まくら》に討死《うちじに》すべし」と兄を説得しますが、政実さんは「一命をもって衆の命を替えるは武士の本意である」と、城に籠《こも》った者をひとりでも多く救うために降参を受け入れて、自分の命を差し出しました。

そして、剃髪《ていはつ》をした政実さんは九月四日に九戸城を出て浅野長政のもとに行くと、突然捕えられ閉じ込められてしまいます。すると、蒲生氏郷は降参の条件をすぐさま反故《ほご》にして、九戸城にいる人たち全員を撫《な》で斬《ぎ》りにするように命じます。端《はな》から信じていなかった弟の九戸実親は二の丸に籠って奮戦しますが、本丸を制圧した蒲生氏郷の軍勢の鉄砲に撃ち抜かれて討死。秀吉軍は女子ども関係なく撫で斬りにしたり、二の丸に閉じ込めて火を放ち、焼き殺したりしたともいわれています。その伝承を物語るように、一九九五年の発掘調査では、二の丸の大手門近くで首のない人骨が十数体分発見されています。

秀吉軍に騙された政実さんは、七人の城将たちとともに豊臣秀次の陣がある三迫《さんのはさま》（宮城県栗原市）まで護送され、そこで処刑されました。享年《きょうねん》は五十六と伝えられています。

政実さんの遺骸《いがい》は斬首《ざんしゅ》された場所に埋められ、塚が建立《こんりゅう》されたそうですが、江戸時代になると塚は忘れられていき、荒れ果ててしまったといいます。しかし、明治時代初期に、とある行者《ぎょうじゃ》の夢に政実さんが現れたため、何かの暗示だろうと草むらを探索したところ遺骸の埋まった塚が発見され、その供養《くよう》のために「九ノ戸神社」が建立されています。九ノ戸神社の近くには、政実さんの首級《しゅきゅう》を洗ったとされる「首級清めの池」が伝えられています。また、政実さんの首は京都の戻橋《もどりばし》に晒《さら》されたともいわれていますが、政実さんの家臣（佐藤外記《げき》）が乞食《こじき》の姿になって密《ひそ》かに首を盗み出して九戸村に埋葬したとも伝えられていて、今も「九戸左近将監《さこんしょうげん》政実 首塚」が残されています。首塚の近くにある九戸神社は、九戸家が戦勝祈願をしたとされる神社で、隣には一九九五年に建立された「政実神社」があり、祭神はもちろん政実さんです。そこからすぐ東には九戸城以前の九戸家の居城だと考えられる「大名舘《だいみょうだて》」や、先ほど登場した菩提寺の長興寺があります。

激戦となった九戸城は、現在整備が進み、堀や土塁、石垣などの遺構を楽しむことができます。さらに、地元では「九戸政実プロジェクト」が発足！　政実さんを活用した観光振興が活発化し、「九戸政実武将隊」（現在は「南部武将隊」に改名）やイケメンの政実さんのキャラクターも誕生しました。

あなたも、戦国史の最後を彩った〝みちのくの雄《ゆう》〟を訪ねてみてはいかがでしょうか！

依田信蕃

「天正壬午の乱」の真の主役！
あの真田家より〝スゴい国衆〟

どんマイナーパラメーター	
統率力	★★★★
武勇	★★★
知略	★★★★★
政治力	★★★★
真田超え度	★★★★★

○対徳川の最前線に立つ武将

「好きな戦国武将ランキング」というのをよく目にしますが、必ずといっていいほど上位にランクインしてくるのが真田《さなだ》幸村《ゆきむら》（信繁《のぶしげ》）です。そこに真田幸村の父の真田昌幸《まさゆき》もランクインしてきたりと、とにかく人気の高い戦国武将です。

真田家といえば、武田《たけだ》家に最後まで仕《つか》えた家臣だったものの、滅亡後は織田《おだ》家に服属。「本能寺《ほんのうじ》の変」で織田信長《のぶなが》が亡くなり「天正壬午《てんしょうじんご》の乱」（武田家領地の上野《こうずけ》・信濃《しなの》・甲斐《かい》で起きた争い）が起きると、主君を転々と変えて巧みに生き残った国衆《くにしゅう》の代表的な存在です。

ただ実は、「天正壬午の乱」で真田家よりもキーマンとなっていた国衆がいたんです。この人がいたから真田家が注目を浴びるようになったと言っても過言ではありません。それが、真田家と同じ信濃（長野県）の国衆である依田《よだ》信蕃《のぶしげ》です。ドラマなどにはほとんど登場してきませんが、「天正壬午の乱」の主役は、この人でしょう！

依田家というのは、信濃の依田（長野県上田市）を本拠とした一族で、真田家と同じく武田家に仕えて、途中で芦田《あしだ》（長野県立科町《たてしなまち》）に拠点を移したことから「芦田」とも名乗っています。信蕃さんの次男の依田康勝《やすかつ》が記した『依田記』（『芦田記』とも）によると、信蕃さんは十三歳の時に人質として高島城《たかしま》（長野県諏訪市《すわ》）に送られた後、時期は不明ながら御嶽城《みたけ》（埼玉県神川町《かみかわまち》）を父とともに守っていたそうです。一五七二年（元亀《げんき》三）に武田信玄《しんげん》が徳川家康《とくがわいえやす》を破った「三《み》方《かた》ヶ原《はら》の戦い」では武田信玄の旗本《はたもと》（本陣）を務め、一五七四年（天正《てんしょう》二）からは要衝《ようしょう》である遠江《とおとうみ》の二俣城《ふたまた》（静岡県浜松市）の城将を父（芦田信守《のぶもり》）と任されています。しかし、翌年五月に「長篠《ながしの》の戦い」で信玄の跡を継いだ武田勝頼《かつより》が敗れると徳川軍がすぐに反撃。籠城戦《ろうじょうせん》が始まってすぐに父が死去して信蕃さんが当主となると、そこから懸命な防衛戦を続けて七ヶ月もの間、徳川軍の攻撃を寄せ付けませんでした。しかし、武田勝頼から二俣城を明け渡すようにという命令が届くと開城を決意。十二月二十三日に明け渡す予定でしたが「二十三日は少し雨が降るから、城を出る時に蓑笠《みのかさ》の姿になってしまって見苦しい。雨が晴れた後の二十四日か二十五日にしてほしい」と徳川家に伝えて、晴天となった二十四日に開城したといいます。去り際がカッコいいですね！

二俣城を出た後は遠江の高天神城《たかてんじん》（静岡県掛川市）に移り、一五八〇年（天正八）からは駿河《するが》の田中城（静岡県藤枝市《ふじえだ》）の城将となるなど、対徳川家の最前線拠点を任されていますので〝できる〟武将だったのでしょう。

○家康からのスカウトを断る！

それから二年後の一五八二年（天正十）、織田信長と徳川家康などが武田勝頼を滅ぼすために

「甲州征伐《こうしゅうせいばつ》」を決行します。武田一族の木曽義昌《きそよしまさ》や穴山梅雪《あなやまばいせつ》をはじめ、多くの武田関係者が裏切っていく中、信蕃さんは田中城に籠城して武田方の姿勢を貫きます。武田勝頼が三月十一日に切腹して武田家が滅亡、周囲が敵だらけになっても、信蕃さんは籠城し続けました。そこへ家康から「武田勝頼が滅んだ」と知らせが入って開城へと話が進むと、家康は信蕃さんにこう伝えます。

「味方が裏切る中、これまで田中城を守り抜いてきたことは敵ながら神妙である。その上、これまでの信蕃の手柄を知っているので徳川家に召し抱えたい」

なんと家康からのヘッドハンティングです。しかし、信濃の動向が気になった信蕃さんは、この誘いを断って信濃へ帰国。信長の家臣の森長可《ながよし》（蘭丸《らんまる》の兄）がいた小諸城《こもろ》（長野県小諸市）に向かい、森長可と面会。信濃は信長によって制圧されたことを知り、信長に臣従しようと小諸を出ますが、その途中で家康からの急ぎの飛脚《ひきゃく》が信蕃さんのもとに駆け付けて、こう伝えました。

「信長から切腹させるように言われている大名の中に依田常陸介《ひたちのすけ》（信蕃）の名がある」

家康はスカウトは断られたけども、「優秀な信蕃さんを失いたくない」と思ったのでしょう。家康からの急使を受けて甲斐に戻った信蕃さんは家康に謁見《えっけん》。家康から身を隠すようにと言われたようで、信蕃さんは二俣城の北部にある小川（浜松市）という地域にいったん身を隠すことになりました。すると三ヶ月後の六月二日に「本能寺の変」で信長が死去。家康は「伊賀越《いがご》え」の直後に、すぐさま信蕃さんに使者を送って命令を出します。

「すぐに甲斐と信濃へ向かい、両国を手に入れるように」

ここから信蕃さんの第二のストーリーが始まります！　家康の命《めい》を受けてすぐさま遠江から甲

斐に向かうと、信蕃さんのもとには武田旧臣たちが続々と集結。なんと、たちまち三千人にまで膨《ふく》れ上がったそうです。信蕃さんはそのまま信濃の小諸城に向かいます。ところが、小田原城《おだわら》(神奈川県小田原市)の北条氏直《ほうじょううじなお》の動きも早く、すぐに北条軍の先鋒隊《せんぽうたい》が迫ってきていました。ここから信蕃さんが主役となる「天正壬午の乱」の激戦が始まります。

ここで真田昌幸は越後《えちご》(新潟県)から信濃に進軍してきた上杉景勝《うえすぎかげかつ》に臣従した後、上野から信濃に攻め込んできた北条氏直に従っていますが、信蕃さんは違います。目の前の敵の大軍はお構いなしで、ブレずに徳川方として戦う道を選ぶのです。

小諸城から春日城《かすが》(長野県佐久市《さく》)に移った信蕃さんは、さらに山奥の蘆田小屋《あしだ》(三沢小屋)と呼ばれる城砦《じょうさい》に入って、北条軍の兵糧部隊を襲って補給路を断つなど、ゲリラ戦を繰り返しました。周囲はグルッと三百六十度北条方、なかなかの〝無理ゲー〟なのに孤軍奮闘の大活躍です。

その活躍もあり、北条家との戦いの最中の七月二十六日には「信濃の諏訪と佐久を与える」ことが書かれた書状を家康から受け取っています(『依田文書』)。江戸時代の石高《こくだか》にしたら十万石以上ですから、国衆から大名へと大出世したことになります。ちなみに、信蕃さんが拠点とした という蘆田小屋についてですが、場所が明確にわかっておらず、蓼科山《たてしなやま》の北麓《ほくろく》あたりにあったと考えられている〝幻の城砦〟です。

○真田昌幸の寝返りの裏に信蕃あり

その後、北条家との戦いは十一月に終結。上野は北条家、甲斐と信濃は徳川家が支配するという、徳川家に有利な条件で和睦《わぼく》が結ばれました。これは徳川軍が「黒駒《くろこま》合戦」（山梨県笛吹《ふえふき》市）で勝利を収めたことも大きな要因ですが、何よりも信蕃さんの活躍なくしては得られない戦果でした。しかも信蕃さんは補給路断絶以外にも、すさまじい武功を挙げています。それが北条方だった〝真田昌幸に対する調略《ちょうりゃく》〟です！

真田昌幸というと調略する側の人間のようですが、この時は、された側なんです。『依田記』によると、三度目の交渉で蘆田小屋の麓《ふもと》に真田昌幸が訪れて起請文《きしょうもん》が交わされ、見事に真田昌幸を徳川方に引き抜いたそうです。なんだかイメージだと、真田昌幸が戦況を見て北条家から徳川家に自ら鞍替《くらが》えしたような印象ですが、実際は信蕃さんが寝返らせているんです。

さらに、北条家と和睦が結ばれた後、信蕃さんは佐久地域のアンチ徳川の諸城を次々と攻略しています。その勢いもすさまじく約二ヶ月の間に十三ヶ所の城を手中に収めて佐久をほぼ平定しているんです。しかし、一ヶ所だけ激しい抵抗を続ける城がありました。それが岩尾《いわお》城（佐久市）でした。岩尾城には周辺の反徳川の勢力が集結し、信蕃さんや徳川家に対して籠城戦を続けていました。

年が明けて一五八三年（天正十一）の二月、信蕃さんは佐久平定戦の総仕上げとして岩尾城への攻撃に動きます。二月二十日、徳川家から送られてきた軍監《ぐんかん》（柴田《しばた》康忠《やすただ》）には、「明日、攻め潰《つぶ》しますので、御見物していてください」と広言《こうげん》しますが、翌二十一日は岩尾城が降伏する動きを見せたために様子見。その動きが偽りだったのか、二十二日の早朝から一斉に岩尾城を取り囲むと、信蕃さんは総大将であるにもかかわらず、足軽《あしがる》よりも先に岩尾城の塀《へい》を登り始めます。しかし、登り切って塀の上に乗ったところを敵兵に狙撃《そげき》され、銃弾が臍《へそ》の下に命中。重傷を負った信蕃さんは、なんと翌日に亡くなってしまうのです。しかも、弟の依田信幸《のぶゆき》も同時に狙撃されて、左の脇腹から右の脇腹に銃弾が貫通、この日の晩に亡くなっています。

この惨劇について、『依田記』では非常にあっさり書かれているのに対して、敵方の史料である『岩尾家譜《かふ》』のほうではもう少し詳しく書かれています。信蕃さんの軍勢は「二十日から攻撃を始めたものの、岩尾城の防戦が激しく、多くの死傷者が出た」らしく、「ついに撤退して桃源《とうげん》院《いん》の山陰に陣を張った」といいます。翌二十一日に柴田康忠が依田さんに使者を送り、「いまだ城が落ちていないということは食言《しょくげん》（約束を破ること）か。かつ今日、城を囲んでいないのはなぜなのか」と広言ぶりを詰《なじ》られてしまいます。すると信蕃さんは、「明日、朝食として城を抜く（落とす）」と強気に返答。翌日、名誉挽回《ばんかい》とばかりに、自らが猛攻を仕掛けたところを狙撃されてしまったといいます。享年《きょうねん》は三十六。まさにこれからという年齢ですし、ここまでの活躍ぶりを見ると、「討死《うちじに》してなければ、どうなっていただろう？」と思わずにはいられない人物です。

『寛政重修諸家譜《かんせいちょうしゅうしょかふ》』などによると、信蕃さん兄弟の死を憐《あわ》れんだ家康は、信蕃さんの長男に「松《まつ》平《だいら》」と「康」の字を与えて松平康国《やすくに》と名乗らせ、父の遺領を継がせて小諸城主にしたといいます。次男の依田康勝も、二年後の元服《げんぷく》の際に、同じく「松平」と「康」を与えられて、はじめは松平康真《やすざね》と名乗っています。また松平康国は、父・信蕃さんを弔《とむら》うために蕃松院《ばんしょういん》（佐久市）を建立《こんりゅう》、寺の裏山には、信蕃さん兄弟のものとされるお墓が今も伝えられています。

大島雲八

御年九十三歳で「関ヶ原」に参戦!?
弓の腕前ひとつで語り継がれるレジェンド

どんマイナーパラメーター

統率力	★★★
武勇	★★★★★
知略	★★★
政治力	★★★
シニアレジェンド度	★★★★★

○まるでマンガのような弓矢の腕前！

一六〇〇年（慶長五《けいちょう》）、天下分け目の「関《せき》ヶ原《はら》の戦い」。勝利した徳川家康《とくがわいえやす》が三年後に征夷大将軍《せいいたいしょうぐん》となって江戸幕府を開くキッカケとなった戦いです。その歴史的な一戦に、なんと九十三歳で出陣していたかもしれない武将がいます。それが、美濃《みの》（岐阜県）出身の大島雲八《おおしまうんぱち》（実名は光義《みつよし》）です。『寛永《かんえい》諸家系図伝』や『寛政重修諸家譜《かんせいちょうしゅうしょかふ》』などによると一五〇八年（永正《えいしょう》五）の生まれらしいので、のちに仕《つか》えることになる織田信長《おだのぶなが》より二十六歳も年上ということになります。大島家は徳川家や足利《あしかが》家という将軍家を輩出した清和源氏《せいわげんじ》の流れを汲《く》むそうですが、父・大島光宗《みつむね》が一五一五年（永正十二）の合戦で討死《うちじに》したために大島家は没落。孤児となった八歳の雲八さんは親戚の大杉弾正《だんじょう》という人物のもとに預けられたといいます。

大島家を盛り返すためにそこで弓矢の腕を磨いていたのでしょうか、初陣《ういじん》となった十三歳の合戦で敵を弓矢で射抜く鮮烈デビューを飾ります。雲八さんはとにかく弓矢の技術がハンパなかったみたいで、弓矢より射程距離のある鉄砲を相手にしてもお構いなし、鉄砲撃ちをバンバン射ち倒したそうです。射程距離だけでなく強さもチート級だったらしく、敵が木の陰に隠れているのを発見すると、その木に目がけて矢を放ちます。雲八さんが放った弓矢は木を貫いて、隠れていた敵の首に命中！　そのまま首も切れて、身体から離れたそうです。いや、マンガみたいな話！

それからも数々の合戦で得意の弓矢を武器に大活躍するとスカウトされたのか、長井《ながい》隼人《はやと》（道利《みちとし》）という武将に仕えます。このお方は斎藤道三《さいとうどうさん》（信長の義父）の息子という説もある稲葉山《いなばやま》城（岐阜市）の斎藤家の重臣だった人物です。しかし、長井隼人は一五六五年（永禄八《えいろく》）に信長に攻められて敗戦。拠点としていた金山《かねやま》城（岐阜県可児《かに》市）や関《せき》城（岐阜県関市）を追われます。雲八さんも長井隼人の軍勢に加わり、信長方と戦っています。

それから二年後、信長が稲葉山城の斎藤龍興《たつおき》（道三の孫）を滅ぼすと、雲八さんの弓の腕前が噂《うわさ》になったのか、信長に呼び出されて家臣となっています。しかも「弓大将」というポストを与えられたそうです。こうして、雲八さんも歴史の表舞台に立ったわけですが、信長に仕え始めた段階でもう六十歳！　還暦《かんれき》です。当時としてはすでに長生きの部類ですし、隠居《いんきょ》したり出家したりして第一線から退くのもよくあることでした。

ところが、雲八さんは戦の最前線で武功を挙げまくります。

この活躍に関して諸史料では、ほぼほぼ「射抜く」「射殺す」「射落とす」「射払う」などと、弓矢に関する言葉だけが使われているのが雲八さんの面白い点です。活躍した合戦には一五七〇年（元亀元《げんき》）の「姉川《あねがわ》の戦い」と「坂本の戦い」（「志賀の陣」）、一五七三年（天正元《てんしょう》）の朝倉《あさくら》家との「刀禰坂《とねざか》の戦い」、一五七五年（天正三）の「長篠《ながしの》の戦い」などがありました。ちなみに「刀禰坂の戦い」では、かつての主君である斎藤龍興と長井道利が朝倉軍として参戦し、二人とも討死したともいわれています。

○ひと振りの弓で一揆衆を撃退！

そんな弓の達人の雲八さんですが、実は三年間だけ弓を使わずに槍《やり》で戦っていた時期があったそうです。ある時、斎藤道三の家臣の武藤弥兵衛《むとうやへえ》という人物と、武芸について言い争うことがありました。武藤弥兵衛は、「御辺《ごへん》（そなた）は弓で名を上げたが、我は槍で高名を得た。その優劣は抜群である」と、自分の手柄のほうがスゴくて、その結果は雲泥《うんでい》の差があると雲八さんをディスったのです。この挑発に黙っておけない雲八さんは、「しからば、我も弓を捨て槍にて勝負を決すべし」と、相手の得意とする槍で勝敗を決めようと挑発に乗ったのです。三年間のバトルの結果、武藤弥兵衛は感状（戦功を讃《たた》えた書状）を二通もらったのに対して、雲八さんは武藤弥兵衛を上回る四通でした。雲八さん、お見事！　こうして、槍でも活躍した雲八さんですが、「弓は衆に敵するに利あり」（弓は大勢を相手にする時に有利だ）と思い、再び武器を弓に持ち替えたんだそうです。

雲八さんは信長からかなり信頼されていたようで、『丹羽《にわ》家譜伝』によると、「射芸に秀でていて〝百発百中の妙〟で知られていたため〝安土《あづち》城の矢窓《やまど》を切る奉行《ぶぎょう》〟となった」といいます。安土城（滋賀県近江八幡《おうみはちまん》市）は有名な信長の居城ですが、その城壁にある矢や鉄砲を射るための矢窓（狭間《さま》）のセッティング担当になったということですね。これはかなり重要なお仕事です。「ここに矢窓を設置すれば、あそこにいる敵を狙撃《そげき》できる」など、雲八さんの経験をもとに安土城の狭間が設計されたのかもしれません。ちなみに、安土城が完成した一五七九年（天正七）の段階で、雲八さんは御年《おんとし》七十二歳になります。

その三年後に「本能寺の変《ほんのうじのへん》」が起きますが、雲八さんは安土城にいて、混乱の中で安土城を守るのは困難と判断して、妻子を連れて美濃に戻ろうとしました。ところが、その途中で遭遇した一揆《いっき》が雲八さん一行の前に立ち塞《ふさ》がってしまいます。このピンチを雲八さんは、たったひと張りの弓で一揆勢を多数射抜いて難なく突破したといいます。つ、強ぇ、雲八さん（七十五歳）！

信長の死後は、織田家の重臣だった丹羽長秀《ながひで》に仕えて一五八三年（天正十一）の「賤ヶ岳《しずがたけ》の戦い」でも活躍。八千石《ごく》の領地を与えられて丹羽家の重臣となり、のちに雲八さんの孫（大島義唯《よしただ》）は丹羽長秀の孫娘と結婚しています。

その後、さらなる大物からのオファーが届きます。その相手が羽柴秀吉《はしばひでよし》です。秀吉は雲八さんを家臣として織田家時代と同じく弓大将に任じたのです。この転職の時期ですが、丹羽長秀が一五八五年（天正十三）に亡くなっているので、その頃かもしれません。

それから雲八さんは、秀吉の命《めい》で豊臣秀次《ひでつぐ》の家臣となっています。豊臣秀次は秀吉の甥《おい》で、秀吉の実子（鶴松《つるまつ》）が夭逝《ようせい》した後に後継者に指名されて養子になり、一五九一年（天正十九）に関白《かんぱく》の座を譲られた人物です。次の天下人《てんかびと》が決まったこのタイミングで、雲八さんはとんでもない偉業を成し遂げています。それが「八坂《やさか》の塔への射込み」です。当時、天下人が変わった際に、新たな天下人が誰かをアピールするために、京都の法観寺《ほうかんじ》にある八坂の塔に家紋を入れた旗を掲げたんだそうです。慣習通りに旗を掲げた豊臣秀次でしたが、さらなるアピールのために雲八さんを呼び出して、八坂の塔の最上階の窓に矢を射込むことを命じたのです。しかも十本連続で！

これは大変なことです。五重塔である八坂の塔は高さ四十六メートルもあります。その最上階の小さな窓に矢を連続で射込むなんて至難の業《わざ》です。しかも、雲八さんは八十四歳ですので無理……ムチャブリ過ぎる……。挑戦の結果、雲八さんは成功しました（笑）。連続で十本、見事に窓に射込んだそうです。超人すぎ！

ちなみに、雲八さんが矢を放った八坂の塔は、一四四〇年（永享《えいきょう》十二）に建てられたもので、なんと当時の姿のまま現存！　良い子はくれぐれも、雲八さんをまねして矢を射込まないように。

○家康から信頼を寄せられた最晩年

さて、豊臣家でも弓矢の腕前で名を上げた雲八さんは、一五九八年（慶長三）には故郷の美濃の他、尾張《おわり》（愛知県）や摂津《せっつ》（大阪府・兵庫県）などに領地を加増されて領地は一万千二百石となり、九十一歳になってついに一万石の大台を突破しました。で、まだ引退しません（笑）。

そしてついに、物語は一六〇〇年（慶長五）の「関ヶ原の戦い」へと移ります。

この年、徳川家康は会津《あいづ》（福島県会津若松市）の上杉景勝《うえすぎかげかつ》を討《う》つために「会津征伐《せいばつ》」を決行。『内府公軍記《だいふこうぐんき》』（『関原御合戦双紙』）などによると、その軍勢の中に九十三歳を迎えた「大島雲八」の名があるのです。信じられません！

会津へ向かう途中に、畿内で石田三成《いしだみつなり》らが挙兵したことを聞いた家康は、率いていた武将たちを呼んで、いわゆる「小山評定《おやまひょうじょう》」を開いたと伝わりますが、雲八さんは妻子を顧みずに味方する旨《むね》を家康に伝えたといいます（この件は他の武将たちの逸話でも聞いたことがありますが・笑）。

それから家康は軍勢を西に向けて「関ヶ原の戦い」が勃発《ぼっぱつ》。九十三歳の雲八さんも関ヶ原で大活躍！……といいたいところですが、雲八さんが関ヶ原にいたかどうかはハッキリわかりません。雲八さんにゆかりのある自治体の史書（『川辺町史』や『富加町史《とみかちょうし》』など）によると「関ヶ原で戦った」と記されていますが、家康に仕えた医者（板坂卜斎《いたさかぼくさい》）の日記である『慶長年中卜斎記』には「大島雲八は関ヶ原へは罷《まか》り出《い》でず」と記されています。この部分、拙著『ドタバタ関ヶ原』で雲八さんのことを記した時には見逃していた点でして、ここに追記させていただきます。

ちなみに、この内容が登場するのは一六〇一年（慶長六）九月十五日のことを記した部分で、ちょうど「関ヶ原の戦い」から一年後のことです。この日、雲八さんと堀尾吉晴《ほりおよしはる》（142P「三中老」参照）、猪子一時《いのこかずとき》と船越景直《ふなこしかげなお》の四人は家康に招かれて、「去年の合戦も雨だったが、一年後の今日も雨か」などと、関ヶ原の戦いをテーマに談笑したそうです。その内容の最後に「関ヶ原にはいなかった」と板坂卜斎が記しているので、個人的な気持ちとしては雲八さんに合戦で弓を引いていてほしかったですが、残念ながら戦場に出ることはなかったのかもしれません。

とはいえ、長男の大島光成《みつなり》とともに東軍として貢献した雲八さんには、臼杵城《うすき》（大分県臼杵市）が与えられる話が持ち上がります。が、雲八さんは故郷を離れたくなかったのか、これを辞退。美濃を中心に領地を加増され、合計一万八千石余となります。それ以外に徳川家からの特別待遇もあり、家康の鷹狩《たか》りの場の使用を特別に許されたり、徳川秀忠《ひでただ》（家康の子）からは領地に帰る許可をもらう度に時服《じふく》（季節に合った衣類）や黄金、馬などをもらったりしました。

家康の隠居城である駿府城《すんぷ》（静岡県静岡市）に呼ばれることもよくあったようで、その都度、家康から射芸や武勇伝について尋《たず》ねられたそうです。駿府城の工事が終わった時には、石垣や狭間のチェックを依頼され、「何か不備があったら教えてほしい」と言われるほど信頼されています。家康は、雲八さんが安土城での矢窓奉行を務めたことを知っていた可能性もありますね。

そんなレジェンド雲八にも、終焉《しゅうえん》の時が近づいていました。一六〇四年（慶長九）、雲八さんは病に罹《かか》ってしまいます。家康からはお見舞いの使者が訪れますが、八月二十三日にお亡くなりになります。享年《きょうねん》は驚きの九十七でした。

その後、雲八さんの領地は四人の息子たちに分けられます。長男（光成）の家系は雲八さんのひ孫の代で断絶したものの、次男（大島光政《みつまさ》）と三男（大島光俊《みつとし》）の家系が江戸幕府の旗本《はたもと》として存続。四男（大島光朝《みつとも》）の家系は鳥取藩の池田家の家臣として、それぞれ明治維新まで続きます。

雲八さんは自身が建立《こんりゅう》したと伝わる大雲寺《だいうんじ》（関市伊勢町《いせまち》）に葬《ほうむ》られました。大雲寺には雲八さん所用の甲冑《かっちゅう》などが残り、境内《けいだい》には雲八さんをはじめとする大島家歴代のお墓が建っています。

また大雲寺は、もう一つありまして、迫間《はさま》（関市）という地域にもあります。こちらの大雲寺は雲八さんか三男・大島光俊が建立したと伝わるお寺で、こちらにも雲八さんのお墓があります。

さらに、刀剣や包丁が有名な関市にある「関鍛冶《かじ》伝承館」には、雲八さんの末裔《まつえい》が寄進《きしん》した雲八さんの甲冑も展示されていますし、めちゃくちゃイケメンな雲八さんのキャラクターのパネルも置いてあります。さぁ、戦国のレジェンド武将に会いに行こう！

尚円

人呼んで〝琉球の秀吉〟!?
百姓から身を起こし、琉球国王に！

どんマイナーパラメーター

統率力	★★★
武勇	★★★
知略	★★★
政治力	★★★★
勤務態度	★★★★★

○謎だらけの〝第二尚氏の祖〟

本項の舞台は、日本や大陸との中継貿易で栄えた島国、琉球《りゅうきゅう》（沖縄県）です。実は琉球にもバリバリの〝戦国時代〟があったんです。教科書などには、鎌倉時代後期（十四世紀はじめ）頃から三つの地方（北山《ほくざん》・中山《ちゅうざん》・南山《なんざん》）に分かれて争いが繰り広げられ、一四二九年（宣徳《せんとく》四）に中山《ちゅうざん》王《おう》の尚巴志《しょうはし》が三山を統一したと登場してきます。あ、表記している元号ですが、琉球ではこの頃は中国の元号を使っていたので、ここではそちらを表記しています。

さて、今回の主人公である尚円《えん》は、この尚巴志の末裔《まつえい》かというと、違うんですよね。尚円さんは尚家の家臣だった人物で、仕《つか》えていた国王（尚徳《とく》＝尚巴志の孫）の死後のクーデターで新たに国王となったお方なんです。なので、それまでの尚一族とは別系統ということで、尚円さん以前を〝第一尚氏〟、尚円さん以降を〝第二尚氏〟と区別して呼びます。

この尚円さん、伝説に満ちた人物なんです。まずそのルーツがよくわかりません。江戸時代に琉球王府（歴代国王は尚円さんの末裔）がまとめた正史（『球陽《きゅうよう》』『中山世鑑《せいかん》』『中山世譜《せいふ》』など）

がありますが、そこには尚円さんの父（尚稷《しょく》）までのことしか記されていません。実家は沖縄本島ではなく、北の離島の伊是名島《いぜな》（沖縄県伊是名村《そん》）で、農業を生業《なりわい》とした百姓だったといいます。百姓から天下人《てんかびと》となった人物として豊臣秀吉《とよとみひでよし》が知られています（近年では秀吉は百姓ではなく武士の出身とされている）が、尚円さんはさながら〝琉球の秀吉〟といえるかも知れません。

尚円さんの故郷である伊是名へは、今は今帰仁村《なきじんそん》からフェリーで向かうことができますが、現地での尚円さんはまさに英雄！ 尚円さんの生誕地の屋敷跡には〝みほそ〟（臍《へそ》の緒《お》）を埋めたと伝わる「みほそ所」が伝えられています。その周辺は尚円さんの生誕五百八十年を記念して整備された尚円王御庭公園があり、園内には沖縄本島を指差す勇ましい尚円さんの像が立てられています。また五百メートルほど西には尚円王通水節公園《かいみじぶし》があり、こちらには生誕六百年を記念した尚円さんの乗馬の像が立っています。さらに、伊是名島のマスコットキャラクターも、そのまま「尚円王」となっているほど、伊是名では地元出身の偉人として非常に親しまれています。

○一農民から王家の下級役人への抜擢

そんな尚円さんが生まれたのは一四一五年（永楽十三《えいらく》）のこと。本州では室町幕府四代将軍の足利義持《あしかがよしもち》（三代・義満《よしみつ》の子）の時代です。童名《わらべな》（幼少期の名前）を「思徳金《うみとくがね》」といったそうで、「生まれた瞬間から威厳と人徳があり龍鳳《りゅうほう》の雰囲気を持ち、王となる人相をしていた」らしく「足下には黄金のような色をした特殊な痣《あざ》があった」といいます。このあたりの描写は琉球王府の正史に登場しますので、尚円さんが特別な人間だという描き方になっています。

成長した尚円さんは「金丸《かねまる》」と名乗ります。名前の読み方は、ネットなどでは「かなゝまる」と表記しているものがほとんどですが、『おもろさうし』（沖縄や奄美《あまみ》などに伝わる古い歌謡を琉球王府がまとめた史料）には「かねまる」と表記されています。

二十歳の時に両親が亡くなった尚円さんは、苦労しながらも農業を生業として生活を立てます。ある時、伊是名島は、日照りが続いたために田んぼがすべて涸《か》れてしまうという災害に見舞われました。ところが、あら不思議、尚円さんの田んぼだけは水が満々とあるではありませんか。それを見た人たちは、「金丸が水を盗んだのだ」と尚円さんを疑い、ある者は尚円さんを殺害しようと考えたといいます。日照り続きの中、尚円さんがどういった技術で田んぼに水を保ち続けたのかは不明ですが、特に弁解しなかった尚円さんと地元の方々との関係は悪化してしまいました。

「これ以上、伊是名にはいられない」と思ったのでしょう。尚円さんは一四三八年（正統《せいとう》三）、二十四歳の時に妻と九歳の弟を連れて島を脱出。海を渡って国頭《くにがみ》（沖縄県国頭村《そん》）に向かい、新たな生活をスタートさせました。ところが、なんとこちらでも先ほどと同じ事件が勃発《ぼっぱつ》、国頭にもいられなくなり、二十七歳で琉球の中心地・首里《しゅり》（沖縄県那覇《なは》市）に向かうのです。

琉球王府の正史には、首里に着いた尚円さんが「王の叔父《おじ》である尚泰久《たいきゅう》（尚巴志の子）に身を托《たく》す」と、いきなり王族にお世話になったとあります。どういったコネがあったのかは不明ですが、〝第一尚氏〟に仕えることになったのです。さらに運が良かったことに、主君であり同い年の尚泰久は、尚円さんを「常人《じょうじん》とは異なる」ということで大いに評価し、時の王である尚思達《したつ》（尚泰久の甥《おい》）に推薦してくれるのです。その結果、尚円さんは琉球王府の家来赤頭《げらへあくかべ》（下級役人）になっています。先の田んぼの逸話が物語るように、尚円さんはかなり仕事ができたようで、職場の同僚たちからは尊敬され、勤務から十一年後の一四五二年（景泰《けいたい》三）、三十八歳の時には位が上がり、黄冠を与えられています。琉球王府は六色の冠（八巻《はちまき》）で位が分けられていて、黄冠は上から三番目の中堅クラス。ただ、この色分け制度は尚円さんの時代よりものちの時代に定められたものなので、正史をまとめる際に尚円さんの出世を表現するために使われたと思われます。

そんな尚円さんが歴史の表舞台になるキッカケとなったのが、尚泰久の即位です。〝尚〜〟が多すぎてワケわからなくなってきますが、尚泰久は尚円さんの才能を見出《みいだ》したお方です。

尚泰久の即位の契機となったのは、尚円さんが黄冠になった翌年に起きた王家の御家騒動である「志魯《しろ》・布里《ふり》の乱」。尚円さんが仕えた尚思達は一四四九年（正統十四）に亡くなり、跡を継いだ叔父の尚金福《きんぷく》（尚泰久の兄）も四年後に亡くなります。すると、次の王位を巡って尚金福の子・尚志魯と弟・尚布里（こちらも尚泰久の兄）が激突。大きな内乱となって首里城は焼失し、尚志魯は討死《うちじに》、尚布里は首里を追われました。そんな荒廃した状況で、尚泰久が即位することとなったのです！

○〝忠義にもとる〟クーデターに涙

尚泰久が即位すると、尚円さん（名前はまだ金丸）は「内間領主《うちま》」に抜擢《ばってき》されます。伊是名を離れて十五年、三十九歳で内間（沖縄県西原町《にしはらちょう》）を治める〝殿様〟へと出世を果たしたわけです。内間では善政を敷き、領民たちから慕《した》われ、名君として有名になったといいます。内間の屋敷跡は、尚円さんの末裔が神殿を建てて聖地化し、現在「内間御殿《うどぅん》」として伝えられています。

それから六年後の一四五九年（天順《てんじゅん》三）、四十五歳になった尚円さんはさらに出世。御物城御《おものぐすくお》鎖側《さすのそば》に就任しています。これは御物城（琉球王府の貿易倉庫）の鎖（鍵）の管理者ということで、つまりは琉球王府の貿易事業のトップに就任したということになります。外交や財政にも関わってくる超重要なポジションであり、その名声は琉球だけでなく海外にまで及んだといいます。尚円さんはこの権力を背景に、恩人の尚泰久から王権を奪った！……というわけではなく、尚円さんが〝第二尚氏〟の祖となった理由は、尚泰久の跡を継いだ尚徳《とく》にありました。

一四六〇年（天順四）に死去した尚泰久の跡を受けて、翌年に息子の尚徳が王となりますが、この尚徳が暴君だったらしいのです。尚徳の暴君キャラ設定は〝第二尚氏〟がまとめた正史にあるもので、どこまで真実かはわかりませんが、逆らう者を罰したり、何の罪もない領民を殺害していたりしたそうです。そのため、尚円さん（まだ金丸）は尚徳を厳しく諌《いさ》めますが、尚徳はまったく聞く耳を持たず、激怒するばかり。また、喜界島《きかいじま》（鹿児島県喜界町）に攻め込むなど、軍事的な負担も家臣や領民にのしかかっていました。その後も尚徳の暴君ぶりは日に日にエスカレートしていき、尚円さんは五十四歳を迎えた一四六八年（成化《せいか》四）に、ついにクーデター！……というわけではなく、首里を離れて内間に隠棲《いんせい》したそうなんです。一種のボイコットとも取れます。

琉球史の表舞台から退いた尚円さんですが、すぐさま返り咲きます。翌年、尚徳が二十九歳で死去したのです。琉球王府の三司官《さんしかん》（行政のトップ）は尚徳の子に跡を継がせようと考え、群臣たちが集められて会議が開かれました。群臣たちが三司官を恐れて何も発言しない中、〝鶴髪《かくはつ》の老翁《ろうおう》〟（白髪の年をとった男）が「国家は万姓《ばんせい》（あらゆる民）の国家であり、一人の国家ではない」と大声で切り出して、尚徳の暴君ぶりを批難し、「尚徳は自ら滅亡を招き、万民は救われた」と力説。続けて「御鎖側官の金丸は、心が広く恩情もあるので、民の父母にふさわしい」と、いきなり尚円さんを激推《げきお》し。「この時に乗じて世子《せいし》（尚徳の子）を廃し、金丸を立てるのが天と人の望みである」と熱弁すると、群臣たち全員が賛同する声を一斉にあげたといいます。

この会議の話を聞いた尚徳の妃《きさき》と乳母《うば》は、尚徳の世子を連れて真玉城《まだまぐすく》に逃げ込むも、群臣たちによって攻められて尚徳の世子は殺害、関係者も徹底的に粛清《しゅくせい》されたといいます。こうして新たな王を立てる準備が整った群臣たちは尚円さんを迎えようと内間へ行きますが、尚円さんは驚いて、「これは忠でもなければ義でもない」と涙を流して固辞したそうです。それでも群臣たちは懸命に説得、やむを得ないと承諾《しょうだく》した尚円さんは、首里へ戻ってついに新たな琉球王府を開くのです。そして、翌一四七〇年（成化六）に第二尚氏の祖である「尚円」王が誕生したのです！

尚円さんは即位から六年後に六十二歳で亡くなるものの、二代目を尚宣威《せんい》（伊是名から一緒に逃れた弟）、三代目を尚円さんの息子の尚真《しん》が継ぎ、一八七九年（明治十二）に沖縄県が設置されて琉球王国が終焉《しゅうえん》を迎えるまでの四百九年もの間、尚円さんの血統である第二尚氏が続きます。

尚円さんのクーデターは群臣や領民たちに望まれた上での政変。〝琉球の秀吉〟とは書きましたが、実情はやや異なりましたね。というか、大事な会議で尚円さんを推して満場一致を得た〝鶴髪の老翁〟って誰なの（笑）？　めちゃくちゃキーマンなのに、琉球王府の正史には名前が載っていません！　琉球史を動かしたこの謎《なぞ》の〝おじぃ〟こそ、真のマイナー武将かもしれません。

白井浄三

あの謙信に唯一黒星を付ける！ ミステリアスな天才軍師の正体とは？

どんマイナーパラメーター

統率力	★★★
武勇	★★
知略	★★★★★
政治力	★★
対・軍神	★★★★★

○天文学と占いを駆使した名采配

〃戦国最強の武将〃のアンケートを取れば、必ず上位にランクインしてくるのが上杉謙信《うえすぎけんしん》です。軍記物だけでなく史実でも確かに強かった上杉謙信ですが、唯一敗戦を喫した合戦が千葉県に伝えられています。それが一五六六年（永禄《えいろく》九）三月二十三日の「臼井《うすい》城の戦い」です。

上杉謙信（当時の名は輝虎《てるとら》）の本拠地は越後《えちご》（新潟県）でしたが、敵対する小田原《おだわら》城（神奈川県小田原市）の北条《ほうじょう》家との戦いのため、毎年のように三国峠《みくにとうげ》を越えて関東に攻め込み、北条方の諸城の攻略に取り掛かっていました。この年も正月から関東に進軍すると、二月に北条方の小田氏《おだうじ》治《はる》の小田城（茨城県つくば市）をあっという間に攻略。続いて臼井城（千葉県佐倉市）に攻め寄せました。臼井城を守るのは原胤貞《はらたねさだ》。下総《しもうさ》（千葉県）の有力大名だった千葉家（北条家に従属）の家臣でした。上杉軍を前に絶体絶命！　そんな不利な戦況から大逆転して上杉謙信を破ったといわれているのが、謎《なぞ》の天才軍師・白井浄三《しらいじょうざん》だったんです。

浄三さんに関するパーソナル情報ですが、ほとんどが不明です。当時の史料では確認できず、登場するのは後世の軍記物のみになります。名前についても軍記物によって「白井入道《にゅうどう》」（『小田原記』など）、「白井入道浄三」（『三《み》好《よし》記』）、「白井四《し》郎左《ろうざ》衛《え》門《もん》入道浄三」（『関八州古戦録《かんはっしゅうこせんろく》』など）、「白井下野《しもつけ》入道胤治《たねはる》」（『千葉伝考記』）というように様々です。さらに「浄三」の読み方についても不明でして、史料的な価値はないものの、『真書太閤記《しんしょたいこうき》』（江戸時代後期の豊臣秀吉《とよとみひでよし》の一代記）にある振り仮名から判断すると、「浄」は当時「じょう」と読んだようですが、「三」にはルビがないので読みは「さん」「ざん」「み」「ぞう」なのかはわかりません。本書では私の好みで「じょうざん」としています。

浄三さんの経歴について、『関八州古戦録』には「千葉家の一族で、武者修行のために上方《かみがた》に行って、三好日向守長依《ひゅうがのかみながより》に仕《つか》えたが、この間、下《げ》向《こう》して当城（臼井城）にいた」とあります。三好日向守長依とは、おそらく三好長逸《ながやす》のことで、織田信長《おだのぶなが》が政権を握る前の三好政権の有力者だった〝三好三人衆〟（130P参照）と呼ばれるメンバーのひとりです。また、浄三さんの能力については「天文《てんもん》の巧者《こうしゃ》にて、軍配を考え、その利を示す」とあるので、天体や空に関する知識があり、それによって有利な軍勢の配置や進退を考えて助言していたようです。『三好記』には、旗《はた》雲《くも》（旗のように靡《たなび》く雲）が出現して多くの人々が吉凶どちらの兆《きざ》しが気になっていたある時、浄三さんが「味方の吉事《きちじ》」と占ったと記されています。さらに『三好記』では「無《む》双《そう》の軍配名誉」、『小田原記』では「無双の軍配の名人」と称されるなど、その軍配能力は当時ナンバーワンだったといいます。ちなみに、一九一五～一九（大正四～八）にかけて刊行された『大日本国語辞典』という辞書の「軍配」の項目の中では、代表的な軍配者として、有名な山本勘助《やまもとかんすけ》（武田《たけだ》信《しん》玄《げん》の家臣）とともに、浄三さんが紹介されています。

○〝先に動いたら負け〟戦法で謙信撃退

それでは浄三さんは、いかにして屈強な上杉軍を撃退したのでしょう!?

実はこの戦、臼井城にとっては、劣勢も劣勢でした。その戦況は上杉謙信に従っていた武将（長尾《ながお》景長《かげなが》）の書状に残っていまして、「臼井の地は、実城《みじょう》（本丸）の堀一重に至って、諸軍は取り詰めていて、夜《や》白《はく》（昼夜）の隙《すき》無く攻めているので、落ちないはずがない」とあるので、書状が書かれた三月二十日の段階で落城寸前だったようです。

しかし、『小田原記』によると、浄三さんは味方と敵の軍勢の〝気〟を見て、こう分析したといいます。

「敵陣の上に気が立っているが、いずれも殺気であり、囚老に消える。味方の陣中に立つ軍気は、皆律気《りちぎ》にして王相に消える間、敵は敗軍疑いなし」、つまり「敵陣の気は悪くて、味方の陣の気は良いから、敵の敗北は間違いなし」ということですね。それを聞いた城兵たちは「皆頼もしく（心強く）」思ったそうです。一方、上杉謙信は「これ程の小城、何程のことかあるべき。唯《ただ》、一攻めに揉《も》み落とせ」と下知《げち》して、一気に攻め掛かります。

それに対して浄三さんは、鬨《とき》の声を上げさせて城門をいきなり開いて突撃！　中でも、原胤貞の家老の佐久間主水介《もんどのすけ》と、援軍として駆け付けていた北条家臣の松田康郷《やすさと》（孫太郎）が一騎《いっき》当千《とうせん》の活躍を見せて初日の猛攻を退《しりぞ》けました（『関八州古戦録』）。

そして翌日、戦いはクライマックスを迎えます。前日、攻勢に出た臼井城勢でしたが、この日は一転して沈黙。それを不思議に思った上杉謙信が、「城中で草臥《くたび》れているのか。または今日の風雨を恐れて出ないのか。攻めてみよ」と言ったところ、重臣の本庄繁長《ほんじょうしげなが》が、「城中には、誠でしょうか、軍配の名人・白井入道が籠《こも》っているとのことです。今日は千悔日《せんかいび》という先負《さきまけ》の日であるため、城中より出ないのではないでしょうか」と答えます（『小田原記』）。この時代は特に占いの結果を大事にしていましたので、浄三さんは〝先に動いたら負け〟を意味する先負の日を「悪日」として動かず、上杉軍の動きを見定めていたようです。

そんな状況に痺《しび》れを切らした上杉謙信は、再び臼井城への攻撃を命令。長尾顕長《あきなが》（おそらく長尾景長の間違い）の軍勢が猛攻を見せて、大手門を落としそうになったタイミングで、浄三さんの〝先に動いたら負け〟の読みが的中します。なんと空堀《からぼり》の崖《がけ》がいきなり崩れ落ちて、攻め寄せていた敵軍へ崩れ掛かったのです！　この〝空堀崩れ〟、浄三さんの仕掛けとしたいところですが、本文に「思いも寄らず」とあるので、土砂崩れのような自然現象のものだったということのようで、上杉軍の雑兵《ぞうひょう》が八十～九十人ほど圧死したそうです（『関八州古戦録』）。

〝空堀崩れ〟での死傷者続出を受けて、上杉謙信は撤退《てったい》を命じますが、そこを狙《ねら》っていたのが松田康郷など勇敢な臼井城の城兵たちでした。再び出陣した臼井城の城兵たちは、撤退する上杉軍を激しく追撃します。松田康郷は赤い甲冑《かっちゅう》を身にまとっての活躍だったことから、上杉謙信から〝赤鬼〟と称されたとあるように、「臼井城の戦い」のもう一人の主役でもあります。この最後の突撃作戦の件《くだり》は〝浄三さんの策〟とは書いていないんですが、流れ的に浄三さんが追撃の采配を振るっていたと脳内で補完しています。こうして、上杉謙信は臼井城の攻略をあきらめて撤退。上杉謙信との大一番は、浄三さんに〝軍配が上がった〟のです！

○三好家、明智光秀、加藤清正にも兵法指南？

と、ここまで軍記物をベースに臼井城の攻防戦をご紹介しましたが、「上杉軍の敗北」はキチンとした〝史実〟です。

小田原城の北条氏政《うじまさ》が同年三月二十五日の書状（武田信玄宛）に、「臼井の敵には手負い（負傷者）や死人が千人出た。（敵の）敗北は必定《ひつじょう》である」という内容を記し、四月十二日の書状（松田康郷宛）では、「手負いや死人は敵に五千余人出た。翌日（敵は）敗北した」と死傷者数の上方修正と、敵が敗北した確定情報を記しています。ただし、この軍勢を上杉謙信が実際に指揮していたかどうかは軍記物にあるだけなのでわからないんですよね。しかも、江戸時代にまとめられた『上杉家御年譜』などの上杉方の史料には、「臼井城の戦い」は登場してこないんです。大人の事情をぷんぷん感じます（笑）。

実はこの時の上杉軍の主力は、北条家と対立する安房《あわ》（千葉県）の里見《さとみ》家や上総《かずさ》（千葉県）の酒井家だったのですが、長尾顕景《あきかげ》（のちの上杉景勝《かげかつ》）が家臣（下平右近允《しもだいらうこんのじょう》）に宛てた書状で、臼井城攻撃時に「最前に攻め入って、傷を負ったこと」を褒《ほ》めているので、上杉軍も最前線で戦っていることは間違いないんですよね。一方、戦いの関係者やその末裔《まつえい》からしてみたら「謙信に勝った」というのはアピールしまくりたい歴史ですので、関東戦国史を扱った軍記物には、〝謎の軍配者・白井浄三〟を中心に臼井城の攻防戦がドラマチックに描かれているのだと思います。

そういえば、上杉謙信が敗れた合戦として、他に一五六一年（永禄四）の「生野山《なまのやま》の戦い」（埼玉県本庄市）が挙げられることがありますが、こちらも確かに当時の史料で「上杉軍が負けた」ことはわかるのですが、「上杉謙信が指揮していた」という記載は、当時の史料だけでなく軍記物にも登場してこないので、本書では〝上杉謙信の唯一の敗戦〟として「臼井城の戦い」を取り扱わせていただきました。

さて、ちなみにですが、浄三さんはこの四年後、阿波《あわ》（徳島県）に姿を現します。それは『足利季世記《あしかがきせいき》』（戦国時代の畿内の合戦記）の「三好衆重蜂起之事」という章。織田信長によって京都を追われた三好三人衆の勢力が政権を奪還するために、京都に近い場所に要害《ようがい》（城郭）を築こうと、勝瑞城《しょうずい》（徳島県藍住町《あいずみ》）で軍議を開いたそうです。その時に「白井入道浄三」という者が、「摂州《せっしゅう》の野田と福島の地が、無双の勝地である。西は大海であり、四国・淡路《あわじ》へ船の往還の通路がある。南北東は淀川《よどがわ》が流れていて、里の周りは沼田である。寔《まこと》に要害は、これに勝る所は無い」と述べて、その案が採用されたと記されています。この後、野田城と福島城（どちらも大阪市福島区）は実際に三好方の拠点となって信長との「石山《いしやま》合戦」で使用されています（130P「三好三人衆」参照）が、『足利季世記』も軍記物ですので、実際のところは不明です。あ、あと『真書太閤記《しんしょたいこうき》』に登場してくる浄三さんですが、こちらでは、明智光秀《あけちみつひで》に中国に伝わる三種類の占いの「三式《さんしき》」（太乙《たいいつ》式、遁甲《とんこう》式、六壬《りくじん》式）を、また加藤清正《かとうきよまさ》に対しては「進放待《すはま》」（陣形の一種とされる）を教えたと描かれています。いや、何者なんだよ！　浄三さん!!

田中勝介

日本人初の太平洋横断&アメリカ大陸上陸！偉業を達成した謎の京都商人

どんマイナーパラメーター

統率力	★★★
武勇	★★
知略	★★★
政治力	★★★★★
太平洋横断〇人目	★

○スペインとの貿易に重要な役割

〝歴史上初〟とか〝日本人初〟というような言葉って、グッと引き込まれますよね。ネットで検索してみると、「日本人ではじめてワインを飲んだのは織田信長《おだのぶなが》」とか「日本人ではじめてブーツを履《は》いたのは坂本龍馬《さかもとりょうま》」などと登場しますが、残念ながらこれらは歴史的な裏付けがないウソの情報になります。

ただし〝日本人初の太平洋横断&アメリカ大陸上陸〟となると、当時の史料からも確認できる人物がいます。それが田中勝介《たなかしょうすけ》です。実は高校の教科書にも登場していまして、『詳説日本史 改訂版 日本史B』（山川出版社）では、ちょうど山田長政《やまだながまさ》（89P参照）と同じ「江戸時代初期の外交」の章で本文と欄外に次のように取り上げられています。

・家康《いえやす》はスペインとの貿易にも積極的で、スペイン領のメキシコ（ノビスパン）との通商を求め、京都の商人田中勝介を派遣《はけん》した。

・田中勝介らは、最初にアメリカ大陸に渡った日本人とされている。

しっかりと登場していますね！　しかも、他のページには世界地図の中に航路のラインが引かれていて「田中勝介の航路（一六一〇～一一）」とも紹介されています。

そんな勝介さんの興味深いポイントは、これだけのことを成し遂げていながら、この偉業以外の経歴がほとんどわからないミステリアスな人物という点です。史料に登場するのはわずかで、家康の側近が記したと伝わる『駿府記《すんぷき》』と、勝介さんと同船したスペイン人のセバスチャン・ビスカイノが記した『金銀島探検報告』だけなんです。しかも、アメリカへ渡る往路のことは書かれていなくて、復路と帰国後の記述のみとなっています。

偉業達成のストーリーは、一六〇九年（慶長《けいちょう》十四）にノビスパンを目指していたスペインの船が嵐で座礁《ざしょう》、上総《かずさ》の岩和田《いわわだ》（千葉県御宿町《おんじゅくまち》）に漂着したところから始まります。地元民が救助や支援活動を行い、大多《おおた》喜《き》城（千葉県大多喜町）の本多《ほんだ》忠朝《ただとも》（忠勝《ただかつ》の子）が城に招いてもてなしました。その後、江戸城の徳川秀忠《とくがわひでただ》や駿府城の徳川家康にも謁見《えっけん》、翌年、家康の家臣となっていたイギリス人の三《み》浦按針《うらあんじん》（ウィリアム・アダムス）の指示で製造された船で、太平洋を横断してノビスパンに戻ることになりました。この時、同行することになった日本人の中に勝介さんがいたわけです。漂着した船のトップのスペイン人、ドン・ロドリゴ（フィリピン総督を務めた貴族）が記した『ドン・ロドリゴ日本見聞録』によると、八月一日に浅草を出港。十月二十七日にマタンチェル港（メキシコ・ナヤリット州）に到着という約三ヶ月の船旅だったそうです（日付はスペイン側の暦）。

○大久保忠佐、山田長政……繋がる点と点？

『駿府記』には、帰国後の慶長十六年（一六一一）九月二十二日の項目にこう記されています。
「東海の中にある濃毘須般《ノビスパン》国は古《いにしえ》より未だ通じず。去年、京都の町人の田中勝介が後藤少三郎（庄三郎）に渡海を望み、今夏に帰朝（帰国）した。数色の羅紗《らしゃ》（毛織物）や葡萄酒《ぶどうしゅ》（ワイン）を持って来た。件《くだん》の（以前話していた）紫紗《ししゃ》もその一つである。その海路は八～九千里《り》（三万千四百～三万五千三百キロ）という」

文中の後藤少三郎とは家康の家臣の後藤光次《みつつぐ》のことで、金座《きんざ》（金貨の鋳造《ちゅうぞう》や鑑定を行う組織）のトップ（御金改役《おかねあらためやく》）だった人物です。ビスカイノは「財務会議の議長」と称しています。京都の商人でもあったので、勝介さんとは京都時代からの知り合いだったのかもしれません。

ビスカイノが記した『金銀島探検報告』には、「一六一〇年に日本より新イスパニア（ノビスパン）に来た日本人の首（リーダー）たる人、Don Francisco de Velasco（ドン・フランシスコ・デ・ベラスコ）、別の名をJoçuquendono（ジョスケンドノ）の外《ほか》、日本人二十二人」と書かれています。どうやら勝介さんは、どこかしらのタイミングでキリスト教の洗礼を受けて、洗礼名をもらっていたようです。「ジョスケンドノ」は日本名の「勝介殿」が訛《なま》ったものと思われます。

復路の船は一六一一年三月七日にメキシコ市を出発してアカプルコ港（メキシコ・ゲレーロ州）に向かい、三月二十二日に出港、六月十一日に浦賀《うらが》（神奈川県横須賀《よこすか》市）に到着したようです。

その航海中の記事にも勝介さんのことが登場しています。そこには「特に（日本人の）首領は身分があり、大いに尊敬されたる日本人である」と記され、そのため「全航海中、少しも迷惑を掛けなかった」とあります。また、当時ヨーロッパでは、「金銀が豊富に産出する島（金銀島）が太平洋にある」と信じられていたため、スペインには日本とは良い関係性を築きたいという思惑《わく》がありました。勝介さんを喜ばせることはスペイン国王のためになると考えて、「彼（勝介さん）を自分の食卓に招いていた」と特別待遇をしていたことが書かれています。

その後、ビスカイノは江戸城で徳川秀忠に謁見。続いて駿府城の家康に謁見するために七月四日に駿府に到着。そこでビスカイノを大勢で大々的に出迎えたのが勝介さんだったそうです。また、ビスカイノは家康に謁見した後に、「ドン・フランシスコの舅《しゅうと》にして皇帝の重臣」（勝介さんの義父で将軍の重臣）とも会っていますが、具体的にどういった人物なのかは不明です。

ちなみに、ビスカイノは駿府に向かう途中、沼津城（静岡県沼津市）で城主のおもてなしを受けていています。この時の沼津城の城主が、なんと大久保忠佐《おおくぼただすけ》なんです。「山田長政」の項をお読みになれば、「もしかしたら、山田長政は田中勝介に会って、それで感化されて……!?」と、点と点が繋《つな》がってくる気がして興奮していただけるかと思います！

あ、本書のタイトルに「武将」とあるのに、勝介さんは「商人」ですよね。でも、駿府に到着したビスカイノが勝介さんのことを、「すでに貴族となり殿の徽章《きしょう》（印、旗印）を有する」と言っていますし、日本人の将として太平洋の荒波と戦って横断したわけですから、その気概も含めて勝手に〝武将〟に認定いたします（笑）！

第二章

この銅像、誰？
地元じゃ有名人な武将たち

川村重吉

今も石巻を見守り続ける、伊達政宗を支えた治水工事の〝神様〟！

どんマイナーパラメーター

統率力	★★★
武勇	★
知略	★★★
政治力	★★★★★
乳の数	★★★★

○今に伝わる石巻のレジェンド

カッコいい武将たちの像は全国各地に立っていますが、その中で人気のものといえば、仙台《せんだい》城(宮城県仙台市)の本丸跡に立つ伊達《だて》政宗《まさむね》の騎馬像でしょう！　実はあの像は三代目で、初代の騎馬像(胸から上のみ現存)は麓《ふもと》に新設されたビジターセンターの仙臺緑彩館《せんだいりょくさいかん》の前に残り、二代目の立像は、政宗が仙台城の前に居城とした岩出山《いわでやま》城(宮城県大崎市)に移されています。また、仙台城の二の丸跡には「慶長遣欧使節《けいちょうけんおうしせつ》」としてヨーロッパに派遣された政宗の家臣の支倉常長《はせくらつねなが》の像も立っています。

そんな伊達家にまつわる人物の像は、仙台市以外にもあります。それが石巻《いしのまき》市にある川村重吉《かわむらしげよし》(通称は孫兵衛《まごべえ》)の像です！　重吉さんの像が立っている場所は日和山《ひよりやま》公園。かつては陸奥《むつ》(東北地方東部)の有力大名だった葛西《かさい》家の石巻城(瓢《ひさご》ヶ城とも)があり、江戸時代から〝石巻のシンボル〟として愛されてきた標高五十四・三メートルの景勝地です。山頂には鹿島御児《かしまみこ》神社(創建時期は不明、平安時代中頃には存在)があり、その東側に右手の人差し指をさして、何やら指示を出している重吉さんの銅像が立っています。重吉さんは伊達政宗の家臣ですが、主君の騎馬像と同じように勇ましい甲冑《かっちゅう》姿！……というわけではなく、年齢はおそらく五十〜六十代をイメージした羽織《はおり》×裁着袴《たっつけばかま》（脛《すね》の部分を細くして動きやすくした袴）というスタイルです。なぜそのようなデザインになっているかというと、重吉さんは戦場ではなく河川工事の〝現場の人〟だったためです。河川工事で活躍した人物はその地域で〝神様〟として尊敬されることが多いのですが（次項「伊奈忠次《いなただつぐ》」参照）、重吉さんはまさにその代表です。

重吉さんが大工事を行った河川は、日和山の東、銅像がさす指先の方向を流れる北上川《きたかみがわ》（現在の旧北上川）でした。重吉さんの河川工事によって、洪水《こうずい》の被害は減少して新田開発が進み、航路も確保されて水運が発達、石巻港が誕生して江戸時代に大いに栄えるなど、現在に繋《つな》がる街づくりを行ったことから、銅像の銘文《めいぶん》にも「港町石巻の基礎を築いた大恩人としての業績を後世に伝えるため」という一文が刻まれているなど〝石巻のレジェンド〟として親しまれています。

○伊達政宗からヘッドハンティング

宮城県にゆかりのある重吉さんですが、出身は石巻や仙台ではなかったようです。『伊達世臣《せしん》家譜《かふ》』（一七九二年〈寛政《かんせい》四〉に成立した伊達家の家臣の記録）などによると、元は「長州《ちょうしゅう》（長門《ながと》＝山口県）の人」だったといいます。長門のどこ出身なのかは他の江戸時代の史料にも書いてないのですが、『仙台郷土誌』（一九三三年出版）には「長門阿武《あぶ》（萩《はぎ》市・阿武町）の人」、『防長歴史暦《ぼうちょうれきしれき》』（一九四三年に山口県が出版）には「長州萩の出身」と記されています。そのため石巻市と萩市の間には現在、友好都市協定が結ばれています。また、『東藩史稿《とうはんしこう》』（一九一五年〈大正四〉に成立した伊達家と家臣の記録）によると「壮時（若い頃）毛利輝元《もうりてるもと》（元就《もとなり》の孫）に事《つか》う」人物だったそうで、『揚美録《ようびろく》』（一八七一年〈明治四〉に成立した伊達家の二十六人の功臣の伝記）には「慶安《けいあん》元年（一六四八）閏《うるう》十月二十七日死す、年七十四」とあるので、数え年で逆算すると、重吉さんは「長篠《ながしの》の戦い」が起きた一五七五年（天正三《てんしょう》）に生まれたみたいです。

『東藩史稿』に「算数水利（水の利用）に精《くわ》し」「土功《どこう》（土木工事）に精しく」とあるように、重吉さんは治水《ちすい》や土木に関する知識を評価されて政宗にスカウトされたようです。家臣になった詳しい時期は不明ですが「慶長中《けいちょう》」（一五九六〜一六一五）に仕《つか》え始めたとあり、現存する重吉さんの最古の書状が「慶長貳《に》年正月」（一五九七年一月）なので、家臣になったのは二十二歳の一五九六年（慶長元）と考えられます。『石巻市史』などには「関《せき》ヶ原《はら》の戦い」の結果、毛利家が多くの領地を失ったため、重吉さんは浪人となり近江《おうみ》の蒲生《がもう》（滋賀県日野町など）に流寓《りゅうぐう》。そこがたまたま政宗の領地の飛び地だったため、政宗が優秀な重吉さんのことを知り、山崎平太左衛門という友人とともに一六〇一年（慶長六）に召し抱えたと記されています。しかし、そのタイミングだと重吉さんの最古の書状と辻褄《つじつま》が合わなくなってしまうので、あくまでこのエピソードは伝承ということになりそうです。

さて、重吉さんの毛利家時代のことはほとんど不明なのですが、菩提寺《ぼだいじ》の普誓寺《ふせいじ》（石巻市）の『普誓寺縁起《えんぎ》』などによると、祖父の常吉（『揚美録』では父）は「沈勇《ちんゆう》（落ち着いて勇気がある様子）、清操《せいそう》（言動に汚れがない様子）」で「異相《いそう》あり」だったらしく、「左脇に龍の鱗《うろこ》」があったそうです。重吉さんにも異相があったようで「四乳」だったといいます。おそらく〝乳房《ちぶさ》が四つ〟あったということなんでしょう。実際、皮膚が鱗のようになる症状もありますし、乳房が多い副乳という先天的な特徴もあるので、重吉さんも祖父の常吉も本当にそうだったのかもしれません。こういった「異相」については、偉人たちの伝承の〝あるある〟の描写なので、重吉さんがいかにレジェンドなのかということを物語っています。

○親子ともども治水事業に多大な貢献

政宗に仕え始めた重吉さんは、その才能をいかんなく発揮していきます。治水のスペシャリストではありますが、最古の書状は鉱山に関する内容なので、どうやら最初は鉱山開発に携《たずさ》わっていたようです。また『普誓寺縁起』にも「山の形・土の色を視察し、能《よ》く金銀を知る。宜《よろ》しく之《これ》が産する地を知る神の如《ごと》し」とあるように、山や土を観察して、まるで神のように金銀が産出する場所を当てるなど、金山や銀山の開発にも関与していたと伝わります。また、その前文には「巨釜を置き鹽《しお》を焼かしむ」ともあるので、伊達家が力を入れ始めていた製塩事業も担当していたようです。現在、石巻市には「釜《かま》」という地区があり、釜小学校もありますが、この地名は重吉さんが大釜で塩を作ったことが由来ともいわれています。

そういった中でも特に偉業として取り上げられるのは、やはり先述の「北上川の付け替え工事」です。政宗は新田開発のために北上川の河川工事のプロジェクトを大々的に実施しますが、まず一六〇五年（慶長十）から三年をかけて伊達家の重臣の白石宗直《しろいしむねなお》（通称は相模《さがみ》）が、上流に

「相模土手」と呼ばれる堤防を築いて北上川の流れを東側へ大幅に変更しました。そして、続いて重吉さんが登場！　一六二三年（元和九《げんな》）から一六二六年（寛永三《かんえい》）にかけて、北上川の西側を流れていた迫川《はさまがわ》と江合川《えあいがわ》を北上川と合流させる大工事を行い、今の旧北上川の流れを完成させています。その後、明治時代になってさらに治水工事が行われ、北上川は途中で東に流れを変え、今は石巻港から約二十二キロも北の追波湾《おっぱ》（石巻市）に注がれています。

重吉さんは北上川・迫川・江合川の〝三川合流〟の工事以外にも貞山運河《ていざん》（貞山堀）の開発も担当したと考えられています。「貞山」とは伊達政宗の諡号《しごう》（死後に贈られる名）で、政宗の時代から明治時代にかけて仙台湾に沿って約四十九キロの大運河が造られています。政宗ははじめ、阿武隈川《あぶくまがわ》の河口（宮城県岩沼市）から北の名取川《なとりがわ》の河口（宮城県名取市）に木曳堀《こびきぼり》と呼ばれる運河を造り始めた（時期は三川合流工事の後？）ようですが、そのプロジェクトの担当者が重吉さんや養子の川村元吉《もとよし》だったと考えられています。

他にも重吉さんは、人口増加で水不足になっていた仙台の街を救うために、広瀬川から水を引く四ツ谷堰《ぜき》（現在の郷六《ごうろく》取水場あたり）の築造に関わったといいます。この用水路は「四ツ谷用水」と呼ばれ、生活用水として使用され続けました。また、それとは別に湧《わ》き水を利用した用水路も造ったとされ、重吉さんの通称が付いた「孫兵衛堀」の名で呼ばれています。現在は埋め立てられてしまったものの、水源があった荒町小学校に孫兵衛堀跡の石碑と案内板が立っています。

また、重吉さんは石巻に屋敷を構えたようで、周囲には「新館《しんたて》」「中屋敷」「浦屋敷」など、重吉さんや末裔《まつえい》の屋敷に関連する地名が伝わり、重吉町という地名もあります。一九一五年（大正四）には重吉さんの治水工事の功績を讃《たた》えた大正天皇によって正五位《しょうごい》の位階が贈られたことを記念して、屋敷跡とされる場所に重吉さんを祭神とする重吉神社が創建されています。その東には重吉さん夫妻の墓が、もう少し東に進めば、普誓寺があります。

重吉さんが整備した旧北上川に足を運べば、川沿いの大島神社に一八九七年（明治三十）に地元の町民たちが重吉さんを顕彰するために建てた「川村孫兵衛 紀功碑」が残されています。

そして、石巻のシンボルとして親しまれてきた日和山には、重吉さんの像だけでなく、松尾芭《まつおば》蕉《しょう》と弟子の曽良《そら》の像も立てられています。実は二人は、『曽良旅日記』の記録によると、元禄《げんろく》二年（一六八九）五月十日に日和山に登ったようなんです。そこには重吉さんに関する記述はないものの、「石ノ巻中、残らず見ゆる」と、重吉さんが礎《いしずえ》を築いた石巻の港や町、太平洋を一望したことが記されています。今も同じような景色が広がっている日和山は、二〇一一年（平成二十三）の東日本大震災では避難した多くの人々を救ったことから〝命の山〟（現地の案内板より）と表現されています。当時、津波は重吉さんの屋敷跡周辺や日和山の麓一帯だけでなく旧北上川も遡《さかのぼ》り、多くの被害をもたらしましたが、現在は懸命な復旧活動が進み、日和山の南麓《なんろく》には犠牲者の追悼や復興を願う目的で、石巻南浜津波復興祈念公園が二〇二一年（令和三）に開園しました。

実は重吉さんの時代の一六一一年（慶長十六）にも、慶長三陸地震と呼ばれる大地震が東北地方を襲っています。この時も津波の被害が広範囲で出たといわれていますが、政宗はその復興のために北上川や木曳堀などの大工事を進めたとも考えられます。そのプロジェクトのリーダーだった重吉さんは、復興が進んでいく石巻の町を日和山から見守り続けています。

伊奈忠次

埼玉県伊奈町の由来に！
家康が信頼したインフラ工事のスペシャリスト

どんマイナー
パラメーター

統率力	★★★
武勇	★★
知略	★★★
政治力	★★★★★
治水レジェンド度	★★★★★

○徳川家家臣に至るまでの波瀾の前半生

どの時代も人々が恐れるもの、その一つに水害があります。そのため、河川の工事によって庶民の生活に多大なる貢献をしたお方というのは、前項の「川村重吉《かわむらしげよし》」でも触れたように、その地域で〝神様〟として尊敬されていることがよくあります。有名なところだと、「信玄堤《しんげんづつみ》」と呼ばれる堤防の基礎を築いたとされる武田《たけだ》信玄は、山梨県民にとって神様そのものです。そんな神的な人物が関東にもいまして、それがインフラ工事のレジェンド武将・伊奈《いな》忠次《ただつぐ》です！

私は埼玉県出身なのですが、埼玉県民は「伊奈」と聞けば伊奈町を連想する方が多いと思います。そうなんです、伊奈町という自治体名は忠次さんに由来していて、かつて伊奈町に忠次さんの居館である「伊奈氏屋敷」が置かれたことに由来するものなんです。

また、長野県民は伊奈町ではなく伊那《いな》市を連想するかと思います。そちらも忠次さんと関係があります。『寛政重修諸家譜《かんせいちょうしゅうしょかふ》』などでは、伊奈家はルーツを辿《たど》ると長野県南部の「伊那」だとされています。ところが、室町時代後半に御家騒動が起きたため、伊奈家はお隣の三河《みかわ》（愛知県）

に逃れて故郷の地名を名乗ったそうです。

三河の地で、忠次さんの祖父にあたる伊奈忠基《ただもと》が松平《まつだいら》家（のちの徳川《とくがわ》家）の家臣となります。他国からの新参者ではありましたが、有能だったのか小島《おじま》城（愛知県西尾市）の城主となったそうです。小島城の跡地には伊奈家が建立《こんりゅう》した西方寺《さいほうじ》が今も残っています。

忠次さんは一五五〇年（天文《てんぶん》十九）に小島で生まれたそうで、徳川家康《いえやす》の八歳年下にあたります。このまま順風満帆《じゅんぷうまんぱん》かと思いきや、一五六三年（永禄《えいろく》六）の「三河一向一揆《みかわいっこういっき》」（家康に反発した三河の一向宗による一揆）で忠次さんのお父さんの伊奈忠家《ただいえ》が、一揆側に味方してしまったため松平家から追放、忠次さんも父に従って三河を離れ、伊奈家は再び流浪《るろう》の旅に出ることに。

しかし、一五七五年（天正《てんしょう》三）の「長篠《ながしの》の戦い」でお父さんが松平信康《のぶやす》（家康の長男）の陣にこっそり参加して活躍。忠次さんは父とともに徳川家に復帰します。こうして松平信康の家臣となったものの、四年後に家康と対立した松平信康は自害に追い込まれ、忠次さんはまたまた松平家を離れることになります。先に三河を離れていた伯父《おじ》（伊奈貞吉《さだよし》）を頼って、父とともに仕方なく堺《さかい》（大阪府堺市）に仮住まいしていたところ、あの事件が起きます。一五八二年（天正十）の「本能寺《ほんのうじ》の変」です。この時、家康は偶然にも忠次さんが暮らしていた堺を観光していて、京都に戻るところでした。しかし、同盟相手の織田信長の死を聞いて、岡崎への決死の逃走劇「伊《い》賀越《がご》え」を決行します。堺在住の忠次さん親子は独自にパイプを築いていたのでしょうか、この伊賀越えで大活躍をしたそうで、徳川家に復帰することを許されたそうです。まさに紆余曲折《うよきょくせつ》！

忠次さんは一五八六年（天正十四）に家康が駿府《すんぷ》城へ移った際に家康の近習《きんじゅう》（側近）に大抜擢《ばってき》

されます。これがインフラ工事の神・忠次さんの〝基礎〟です。

○秀吉をも叱り飛ばした〝サムライ〟

忠次さんは最先端の情報や品々が入ってくる堺で土木知識を得たのでしょうか、ハッキリとはわかりませんが、家康からインフラ関係の仕事を任されるようになります。たとえば、一五九〇年（天正十八）の「小田原征伐《おだわらせいばつ》」（豊臣秀吉が北条《ほうじょう》家を滅ぼした戦い）。関東を目指す豊臣の大軍が、家康の領地の三河や遠江《とおとうみ》・駿河《するが》（静岡県）を通過することになりました。となると、大軍がちゃんと通過できるように、道路の整備や船の準備、その他にも進軍の段取りを組んだり、兵糧《ひょうろう》の準備や秀吉らの接待などなどをしたりしなくてはいけないわけですが、この実務を任されたのが忠次さんでした。豊臣軍は総勢二十万以上といわれていますので、その仕事量を考えるだけで、私はお腹が痛くなりそうです。

このミスの許されない重要な仕事をしっかりとこなす忠次さん。それだけじゃなくて、進軍中の「秀吉を叱《しか》った」という武勇伝も『徳川実紀《じっき》』（『台徳院殿《たいとくいんでん》御実紀』）などに残されています。秀吉が吉田（愛知県豊橋市）まで進軍してきた時、長い雨が続き、強い風も吹いているのに、秀吉がすぐに兵を進めようとしたので、忠次さんはしばらく吉田に滞在するように進言しました。すると、秀吉は機嫌が悪くなり、「この先、大井川《おおいがわ》や富士川《ふじかわ》など大河に水が増せば、大軍は進みづらくなってしまう。だから今、風雨の中でも急いで兵を進めようとしているのだ。汝《なんじ》はどのような思慮があって止まれと言ってくるのだ」と怒ってきたといいます。私だったら「すいません！

行ってください！　お気をつけて！」とペコペコしてしまいそうですが、忠次さんは違います。秀吉を少しも恐れずにこう反論しました。

「急いで軍を進めるのは小軍の時です。四十万余の大軍で風雨の中に大河を渡って溺《おぼ》れる者が十人でもいれば、敵には〝数百人が溺れた〟というように伝わるでしょう。戦いが始まっていないのに、これは味方にとって損が多いことです。戦期はまだ迫っていません。お願いですから、殿下（秀吉）はしばらくここに止まって人馬を休めてください。殿下の武威《ぶい》はすでに関東を併呑《へいどん》していますので、一日の遅れが勝敗に関わることはありません」

なんというスマート回答！　秀吉は大いに感動して、「徳川殿には良き士《さむらい》が仕えている」と話したそうです。その後、北条家は滅亡を迎えるわけですが、その事後処理も大切です。北条家の居城だった小田原城を引き取ると、城内の蔵に残る兵糧《ひょうろう》の管理を徳川家が任されることになりました。関東への領地替えが命じられてドタバタと忙しい家康から、担当に指名されたのが忠次さんです。なんだか武将っぽくない仕事ばかりのようですが、武将にとって合戦はあくまで数ある仕事のうちの一つで、普段は裁判だったり年貢の管理だったり警備だったり工事だったりと、今でいう公務員の方々のような仕事をしていました。

そんな仕事においてバッグンのアイディアと実行力を持っていた忠次さんは、小田原城の蔵に残る兵糧（粟《あわ》十万石《ごく》）を確認する時にも、才覚を発揮します。兵糧はたくさん残っていたはずなのに、すぐさまその残量を合計して秀吉に報告したのです。「どうやって神速《しんそく》の合計をしたんだ」と家康に問われると、忠次さんはこう答えました。

「蔵に入ってすべての包みをひとつひとつ調べて量《はか》ったら、いくら日数を重ねても、成果を得ることは難しいでしょう。蔵の中の兵糧は、たとえ多くても減ることはないし、少なくても増えることはないので、豊臣家の役人と会議して〝蔵を封印したまま〟受け取りました」

つまり、忠次さんは蔵を開けずに、村役人に納めた年貢の量を記帳させて計算、超時間短縮を行い、さらに「兵糧、盗んだ?」とありもしない疑いをかけられないためのクレバーな対応をしたんです。この忠次さんの機転に家康は感心、秀吉も「我に家臣は多いといっても、その才幹《さいかん》(知恵や働き)が忠次の右に出る者はいない」と大絶賛して、「我に仕えれば禄《ろく》(給料)は万石を与えるぞ」とヘッドハンティングしようとしたといいます。

「小田原征伐」の前後で合戦ではなく実務で名を挙げた忠次さんは、家康が関東に移ると武蔵《むさし》の小室《こむろ》(埼玉県伊奈町)や鴻巣《こうのす》(埼玉県鴻巣市)などに一万石の領地を得て大名となりました。そして、家康から関東代官頭(他に大久保《おおくぼ》長安《ながやす》・彦坂元正《ひこさかもとまさ》・長谷川《はせがわ》長綱《ながつな》)に任命され、合計百万石にもなる徳川家の領地の税を司る役人のトップ、いわば徳川家の〝財務大臣〟的なポジションに就いたわけです。ちなみにこの後、忠次さんが領地に築いた城館が先に紹介した「伊奈氏屋敷」になります。

忠次さんは年貢の管理以外にも、太日川《ふといがわ》(現・江戸川)沿いの市川(千葉県市川市)や松戸(千葉県松戸市)、房川《ぼうせん》(埼玉県久喜《くき》市)の関所の管理、米の生産量アップのための新田《しんでん》開発、土地の管理や米の生産量を調べるための検地、徳川家の家臣たちの知行《ちぎょう》管理、宿場町や街道の整備、農民の養蚕《ようさん》や塩作りの推進、桑《くわ》や麻《あさ》や楮《こうぞ》の栽培方法の普及などなど、とにかく多方面で辣腕《らつわん》を振るいました。その影響力は江戸時代を通じて続き、忠次さんが始めた年貢の徴収方法(豊作や凶作に関係なく一定の税を徴収する方法）は、その後「伊奈流」と呼ばれるようになり、忠次さん流の検地は「伊奈検地」や「備前《びぜん》検地」、「熊蔵縄《くまぞうなわ》」（熊蔵は忠次さんの通称）などと呼ばれました。

○今に残る数々の治水システム

その中でも忠次さんの偉業とされているのが河川工事です。関東には河川や橋などの名前に「備前」と付いたものが様々な場所にあります。この備前というのは忠次さんの官職名である「備前守」のことで、忠次さんや子孫が手掛けたものに由来しています。

たとえば、私の地元の熊谷《くまがや》市から深谷《ふかや》市と本庄《ほんじょう》市にかけて「備前渠用水《びぜんきょようすい》」という農業用水路があります。利根川《とねがわ》から引いているこの水路は、一六〇四年（慶長《けいちょう》九）から忠次さんが造ったもので、長さは約二十三キロもあります。地元では「備前堀」と呼ばれるこの水路は、素掘りで掘られた忠次さん当時の遺構がよく残っていて、執筆現在では世界で百四十二ヶ所しかない「世界かんがい施設遺産」（国際かんがい排水委員会が選んだ灌漑《かんがい》施設バージョンの世界遺産）に二〇二〇年に選定されています。

また、忠次さんは茨城県水戸市のほうでも千波湖《せんばこ》から水を引いた水路を整備していて、こちらも「備前堀」と呼ばれています。大正時代から干拓《かんたく》によって千波湖が縮小したため、現在は桜川から水路を引いていますが、一六一〇年（慶長十五）に造った頃と同じルートで流れ、現在も農業用の水路として使われています。桜川との分岐点には伊奈神社があり、備前堀に架かる道明橋《どうめいばし》には河川工事の指示を出している様子を表現した忠次さんの像が立っています。忠次さんは水戸の備前堀を造った年に六十一歳で亡くなっているので、その集大成ともいえる河川工事でした。
その他にも忠次さんはビッグプロジェクトの実行者を務めていまして、それが「利根川東遷《とうせん》事業」と呼ばれている大大大工事です。〝日本三大暴れ川〟の一つにも数えられている利根川は、群馬県からスタートして埼玉県との県境を流れて東に進み、今度は茨城県と千葉県の県境を流れて太平洋に注がれるわけですが、実は江戸時代以前は全然違うルートだったんです。途中までは一緒だったんですが、茨城県と千葉県の県境には行かず、そのまま南に流れて東京湾に注がれていたんです。ビックリですよね。

荒川も利根川も江戸のほうに注ぎ込むということで、江戸時代以前は江戸や関東平野は度《たび》重なる洪水《こうずい》に悩まされていました。この水害を防ぐために家康は利根川の流れを東に移す大プロジェクトをスタートさせました。そして、その事業のリーダーとなったのが忠次さんだったわけです。
一五九四年（文禄《ぶんろく》三）に会《あい》の川《かわ》という利根川の支流を締め切って流れを遮断（埼玉県羽生《はにゅう》市に跡地の川俣《かわまた》締切跡が残る）。この「会の川の締め切り」を取っ掛かりとして、忠次さんの子である伊奈忠治《ただはる》と孫の伊奈忠克《ただかつ》が事業を引き継いで工事を継続、一六五四年（承応《じょうおう》三）の赤堀川の開削《かいさく》によって現在の利根川のルートに変貌《へんぼう》を遂げています。スゴいぞ、伊奈一族！

他にも忠次さんは「伊奈流」（関東流とも）と呼ばれる治水システムを確立しています。たとえば「中条堤《ちゅうじょうてい》」。この堤防も私の地元の熊谷市に残っているのですが、忠次さんは洪水対策として〝水を逃す〟方法を取りました。河川を蛇行《だこう》させて、水が溢《あふ》れそうな場所で水をあえて溢れさせ、その先に水が逃げる場所（遊水地）を設置しておくシステムです。中条堤も溢れた水を受け止めて遊水地に逆流させるための堤防で、江戸を洪水から守るために存分に機能しました。

また、忠次さんは慶長年間（一五九六〜一六一五）に、四方を入間《いるま》川《がわ》や吉野川（現・荒川）などに囲まれた埼玉県川島町《かわじままち》に街をグルッと守るように「川島領大囲堤《おおがこいづつみ》」を築いています。こちらも後世に受け継がれ、慶安《けいあん》年間（一六四八〜五二）に川越城主の松平信綱《のぶつな》によって増築が行われました。現在も大部分の堤防が現存していて、一部はサイクリングロードになっています。

忠次さんだけでなく、事業を受け継いだ息子の伊奈忠治も河川工事のスペシャリストで、栃木県から茨城県に流れる小貝川《こかいがわ》に洪水対策と農業用水のための「山田沼堰《やまだぬまぜき》」を築造。この堰はのちに下流へと新たに設置されて「福岡堰」と呼ばれ、現在も用水路として使用されています。そのため伊奈忠治は、福岡堰の東にある伊奈神社に祭神として祀《まつ》られていて、父・忠次さんと同じく、茨城県のほうの伊奈町の自治体名の由来となっています。茨城県伊奈町は二〇〇六年（平成十八）に合併してつくばみらい市となりましたが、埼玉県伊奈町と茨城県つくばみらい市は伊奈親子繋《つな》がりということで、現在、友好都市提携が結ばれています。さらに伊奈忠治は、埼玉県川口市にあった赤山《あかやま》陣屋（赤山城とも）を拠点にしたことから、赤山陣屋跡の赤山歴史自然公園や川口駅の東口のビル、キュポ・ラに像が立てられています。

ちなみに忠次さんのお墓は、領地の一部だった鴻巣の勝願寺《しょうがんじ》にあり、妻や息子の伊奈忠治夫婦のお墓も並んでいます。伊奈親子のお墓以外にも、本多《ほんだ》忠勝《ただかつ》の娘で真田《さなだ》信之《のぶゆき》（幸村《ゆきむら》の兄）の妻となった小松姫《こまつひめ》や、漫画『センゴク』の主人公となった仙石秀久《せんごくひでひさ》のお墓もありますので、ぜひご参拝いただければと思います。

太田左近

地元では鈴木孫一より人気!?
天下人秀吉の水攻めに抗った雑賀衆の頭領

どんマイナー
パラメーター

統率力	★★★★
武勇	★★★★
知略	★★★★★
政治力	★★★
紀州で奇襲度	★★★★★

○〝海の雑賀衆〟VS〝陸の雑賀衆〟

戦国時代の有名な戦《いくさ》はたくさんありますが、その中で羽柴秀吉《はしばひでよし》が行った壮大な城攻め方法に「水攻め」があります。織田信長《おだのぶなが》の家臣だった秀吉が毛利《もうり》家の備中高松《びっちゅうたかまつ》城を水攻めした一五八二年（天正《てんしょう》十）の「備中高松城の戦い」や、一五九〇年（天正十八）の「小田原征伐《おだわらせいばつ》」の中で秀吉が石田三成《いしだみつなり》に命じて忍《おし》城を水攻めした「忍城の戦い」などがあります。

実は他にも秀吉が水攻めを行った太田《おおた》城（和歌山県和歌山市）というお城があり、『和歌山市史』ではこの三つの水攻めを〝日本三大水攻め〟と紹介しています。

そして、この太田城の大将として天下の秀吉軍と戦ったのが、和歌山駅の東口に石像が立つ太田左近《さこん》（宗正《むねまさ》）でした。太田城の水攻めについては江戸時代の軍記物である『太田城由来 并《ならびに》 郷士由緒記』や『根来寺《ねごろじ》焼討《やきうち》太田《おおた》責《ぜめ》細記《さいき》』、惣光寺《そうこうじ》（和歌山市）に伝わる『総光寺中古縁起』などに詳しくまとめられている他、宣教師のルイス・フロイスが長崎で噂《うわさ》を聞いて記した『イエズス会日本年報』などにも登場しています。水攻めというのは「攻めているお城の周りに堤防を築いて水を流し込み、お城を水没させる作戦」です。なんだか創作のにおいがぷんぷんする戦法ですが、フロイスの報告書には、「残った城は最も重要なOndanawiro《オンダナシロ》(太田城)と称するもののみになった」「羽柴筑前《ちくぜん》殿は甚《はなは》だ高くかつ厚い土壁をもってこれを囲み、彼等が防禦《ぼうぎょ》と頼んだ水多き大河をその中に引き、これによって敵を溺死《できし》せしめんと決した」と記されています。その一方で、本項の主人公の左近さんは、実在が確認されていません。登場するのは軍記物だけで、当時の書状には「太田」という名前は見られるのですが、「左近」や「宗正」という名前は登場してきません。

そんな左近さんが率いていたのは「雑賀衆《さいかしゅう》」と呼ばれる地侍《じざむらい》集団です。雑賀というのは和歌山の地名で、現在の和歌山市と海南《かいなん》市の一部を指します。紀伊《きい》(和歌山県)には早い段階で鉄砲が伝わったこともあり、雑賀衆は戦闘に鉄砲を大量に導入していたそうで、織田信長と大坂本願《ほんがん》寺《じ》(石山本願寺。一向宗《いっこうしゅう》の本山。のちに跡地に大坂城が築かれる)が十一年間戦った「石山合戦」では、一向宗《いっこうしゅう》(浄土真宗《じょうどしんしゅう》)が多かった雑賀衆は大坂本願寺に籠城《ろうじょう》し、信長を大いに苦しめています。

雑賀衆の中だと、鈴木孫一《まごいち》(雑賀孫一、鈴木重秀)という頭領が有名ですが、左近さんはそのライバル的存在です。雑賀衆の地域は五つのエリア(五組、五搦《からみ》)があり、海岸部と内陸部に分類できるのですが、〝海の雑賀衆〟と〝陸の雑賀衆〟で対立して戦うこともありました。

この海岸部(十ヶ郷《じっかごう》、雑賀荘《さいかのしょう》)のリーダーが鈴木孫一、内陸部(中郷《なかごう》、宮郷《みやごう》、南郷《なんごう》)のリーダーが左近さんです。この二つの雑賀衆、信長や秀吉の危機が迫った時に分裂してしまっているんです。

まずは一五七七年(天正五)の信長の「雑賀合戦」です。雑賀衆の切り崩しを図った信長は、陸の雑賀衆を調略《ちょうりゃく》。左近さんはこの誘いに乗って信長に味方(史実で信長から書状をもらっているのは太田源三大夫《げんざだゆう》)すると、信長は海の雑賀衆を攻めるために紀州《きしゅう》に大軍を率いて進軍します。江戸時代中頃の『鷺森旧事記《さぎのもりくじき》』では「雑賀衆は桶《おけ》や壺《つぼ》を川に仕掛け、渡河《とか》する織田軍の足止めをして大量の鉄砲や弓矢を撃ち掛けて撃退した」と描かれていて、足利義昭《あしかがよしあき》や毛利輝元《もうりてるもと》も「信長が撤《てっ》退《たい》した」と書状に記していますが、信長側の『信長公記《しんちょうこうき》』では雑賀衆が降伏したとされています。

こうして信長による雑賀攻めは終わりましたが、分裂した雑賀衆同士での争いがすぐに勃発《ぼっぱっ》してしまいます。これが翌一五七八年(天正六)に起きた、いわゆる「第一次太田城の戦い」です。一八三九年(天保《てんぽう》十)に完成した『紀伊続風土記《ぞくふどき》』(紀州徳川家が幕府に命じられて編纂《へんさん》した地誌)によると、信長が再び大坂本願寺を攻め始めたのをキッカケに、海の雑賀衆が太田城に攻め込み一ヶ月以上包囲。この戦いは、最終的に和議が結ばれています。

それから五年後、この時の戦いとは桁《けた》違いの戦いが、左近さんに押し寄せることとなるのです。

○秀吉による「紀州征伐」に徹底抗戦

信長の死後、秀吉は、雑賀衆や根来寺《ねごろじ》などによる自治状態だった紀州への攻撃を計画。すると、分裂していた雑賀衆も一致団結! ただし、鈴木孫一は紀州から逃走していて、もういません。

鈴木孫一は同じ海の雑賀衆の土橋若大夫《つちはしわかだゆう》(平次)と領地争いで対立した結果、土橋若大夫を暗殺。信長の権力を背景に雑賀衆の主導権を握ったものの、信長は「本能寺の変《ほんのうじ》」で死去。後ろ盾《だて》を失った鈴木孫一は反撃に遭《あ》って信長の死の翌日に「夜逃げ」(『紀伊国旧家地士覚書』)したそうで、紀州を離れて岸和田城《きしわだ》(大阪府岸和田市。織田一族の織田信張がいた)へ逃れていたんです。

これに対して、秀吉は岸和田城に中村一氏《なかむらかずうじ》（142P「三中老」参照）を置いて雑賀衆や根来衆などの紀州勢を牽制《けんせい》。すると、紀州勢は岸和田城の南方に五つの城（千石堀《せんごくぼり》城、高井城、積善寺《しゃくぜんじ》城、沢《さわ》城、畠中《はたけなか》城）を整備して対抗。秀吉軍と紀州勢による小競《こぜ》り合《あ》いが繰り返されたそうです。

「紀州征伐」を計画しながらも諸方面との争いで実現できていなかった秀吉は、一五八四年（天正十二）に、織田信雄《のぶかつ》（信長の次男）・徳川家康《とくがわいえやす》と「小牧《こまき》・長久手《ながくて》の戦い」（愛知県小牧市・長久手市）で争います。この時、雑賀衆は家康に血判状を提出して軍事同盟を結んだといいます。『紀伊続風土記』によると三十六人（『太田城由来并郷士由緒記』などでは四十一人）が「一味同心」して署名。メンバーの中には、紀州にはいない鈴木孫一や、暗殺された土橋若大夫もいたりで信憑《しんぴょう》性《せい》に欠ける部分はありますが、そこに盟主として名を連ねているのが左近さんです！

さらに土佐《とさ》（高知県）の長宗我部《ちょうそかべ》元親《もとちか》とも連携《れんけい》したという雑賀衆たちは、和泉《いずみ》（大阪府）に攻め込み、元旦に岸和田城を先制攻撃。『太田城由来并郷士由緒記』では左近さんが岸和田城を攻め落としたとされていますが、実際には落とせず、中村一氏の軍勢に敗れたようです。

フロイスの記述によると、雑賀衆たちは岸和田城以外にも大津《おおつ》（泉大津市）や堺《さかい》（堺市）に攻め寄せ、なんと築城中の大坂城に攻撃を仕掛けて城下町を破壊し焼き討《う》ちにしたといいます。

そんな中、秀吉は織田信雄と家康と和睦《わぼく》を結んで大坂に戻ると、ついに一五八五年（天正十三）三月に「紀州征伐」が始まることとなりました。

秀吉は紀州勢を討伐《とうばつ》するために十万余の大軍を差し向けます。まず標的となったのは岸和田城の押さえだった五つの城。中でも『根来寺焼討太田責細記』で〝当国第一の堅城〟と称された千石堀城（大阪府貝塚市）は激戦となり、三月二十一日に羽柴秀次《ひでつぐ》（秀吉の甥《おい》）が率いる軍勢の猛攻を受けて落城。筒井順慶《つついじゅんけい》の軍勢の火矢が城内の屋敷を焼いた（『太閤記《たいこうき》』では火矢が火薬庫に引火して大爆発と表現）ことが効果的だったそうで、また『イエズス会日本年報』によれば、秀吉は「動物も皆殺しにしろ」と命じたそうで、六千人以上が殺された他、犬や馬も殺されたといいます。

千石堀城には根来衆が多く籠城していたのに対して、雑賀衆は「雑賀衆の持ちたる城」（『顕如《けんにょ》上人《しょうにん》貝塚《かいづか》御座所《ござしょ》日記《にっき》』）と称された沢城（貝塚市）に籠城して、得意の鉄砲を用いて羽柴秀長《ひでなが》（秀吉の弟）が率いる軍勢を大いに苦しめたそうです。特に左近さんは、百五十人の鉄砲の精鋭部隊を組んで林の中から突然大声を出して鉄砲を撃ち掛けて、散々に打ち破ったといいます。

しかし、千石堀城が落城すると〝百姓の持ちたる城〟と称された畠中城（貝塚市）は城兵が城を焼いて退却。高井城も落ち、三月二十三日に沢城や積善寺城（同前）は和議を申し入れて開城。

さらに同日、秀吉は根来寺にも兵を進めて制圧。根来衆の多くは最前線に出陣していたため、防御は手薄になっており、残った根来衆は秀吉軍の侵攻を聞いて逃げ去っていたそうです。そして、この日の夜に謎《なぞ》の出火をして根来寺の大伽藍《だいがらん》は三日にわたり大炎上（焼失を免れた大塔は、現在、国宝となっていて、秀吉軍との戦闘の時のものと伝わる弾痕が残されています）。

連戦連敗となった雑賀衆は、『宇野主水《もんど》日記』（本願寺の顕如の右筆《ゆうひつ》だった宇野主水が残した記録）に「雑賀の内輪、散々になりて自滅の由、風聞あり」（雑賀は内輪揉《も》めして自滅した噂がある）と記されるなど、再び分裂。岡党が寝返って味方に鉄砲を撃ち掛けてきたり、土橋平尉《へいのじょう》（土橋若大夫の子、もしくは弟）が紀州から逃れたりと、瞬《また》く間に瓦解《がかい》してしまったのです。

しかし、左近さんだけは最後まで秀吉に抗《あらが》い、いよいよ「第二次太田城の戦い」が勃発します。

○炸裂する〝左近の飛雷火〟！

太田城には総大将の左近さん（亀井対馬《つしま》という人物も総大将だったらしい）を含めて大将クラスの武将の三十六人や、その妻子含めて五千余人が籠城していたといいます。秀吉軍の大将は先陣に堀秀政《ほりひでまさ》と長谷川秀一《はせがわひでかず》、続いて前野甚兵衛《まえのじんべえ》（それぞれ兵数三千余人）でした。

左近さんは大将たちを集めて、「秀吉公を御敵として戦うのは本望なり。城を枕に討死《うちじに》して美名を子孫に残そう」と大演説、城兵の心を一つにし、勇敢にも秀吉軍にゲリラ戦を仕掛けます。

森の中に三百人の鉄砲衆を隠して、いきなり鉄砲を撃ち掛けて堀軍をばたばたと倒した後、突撃を敢行。堀軍を散々に撃破。一方、長谷川秀一は紀ノ川の上流を渡って太田軍に横から奇襲を仕掛けようとしましたが、こちらも伏兵が鉄砲を撃ち掛けて撃退。続く前野甚兵衛が突撃を仕掛けると太田軍は大崩れになって敗走。しかし、これは太田軍の策で、「前野軍が八丁堤というところまで来たところで、森の中から器のようなものが何千ともなく飛んで来て落下。前野勢がそこに来たところで、いきなり雷のような大きな音が響いて煙が出ると、鉄砲のように火炎を出した」そうです。発火装置か、時限爆弾的なものでしょうか、これを〝左近の飛雷火《ひらいか》〟と勝手に呼ぼうと思います。この兵器に驚いた前田軍は岩橋川に飛び込んで敗走。大将の前野甚兵衛の裾《すそ》には火が付き、家臣たちは大あわてで主君を川に飛び込ませます。それを見た太田軍は岩橋川に迫り、岸に登ってくる前野軍を突き刺すなどして多くを討ち取ったといいます。

これを見た蒲生氏郷《がもううじさと》と筒井隼人《はやと》が一万余りの大軍で太田城の城門に迫って鬨《とき》の声を上げると、太田城は意気消沈……となるかと思いきや大筒《おおづつ》を一斉に放って秀吉軍を攻撃！　秀吉軍は、また多くの兵を失いました。こうして左近さんは、堀軍と長谷川軍の有力な武士を五十一人、兵士を何百も討ち取ることに成功したのです。この結果に秀吉は大激怒し、水攻めを命じたのです。

太田城の北側の黒田に陣を張った秀吉は三月二十六日から工事を始め、十六万九千二百人という人員（『紀伊続風土記』では驚きの四十六万九千二百人）を動員して、太田城の三方面（北・西・南）を取り囲む堤防を築き上げたといいます。この時の堤防とされるものが一部現存しています。長さについては、『根来寺焼討太田責細記』には北側と南側にそれぞれ五十三町《ちょう》（約五・八キロ）、『イエズス会日本年報』には二レグワ（約十一キロ）あったと記されています。また、堤防は火縄銃対策として、太田城からは三町（約三百二十七メートル）離れた場所に造られたそうです。

三月二十八日から堤防の内側に水が引かれると、大雨も重なって太田城の周辺はすぐさま湖のようになり、秀吉軍の高山右近《たかやまうこん》や中川清秀《なかがわきよひで》は大船を近づけて大筒や鉄砲、弓矢を撃ち掛けたそうです。太田軍も防戦に努める最中、左近さんが櫓《やぐら》の上に突然現れて、大声でこう叫びました。

「大将の太田左近に向かいし奴《やつ》は、穀賊《こくぞく》（穀物の害虫）秀吉の士、高山と中川であるようだな。紀州者の鉄砲の味を見よ」

そして、火縄銃を放つと高山右近の軍船の舳先《へさき》にいた高山卯兵衛《うへえ》に命中して真っさかさまに水中に落下。士気の上がった太田軍は秀吉軍に大量射撃して撃退し、これに辟易《へきえき》した高山軍と中川軍はまったく攻め寄せて来なくなったといいます。さらに太田軍は水練に長《た》けた者を選抜して泳いで秀吉軍の船に近づき、船底に穴を空けて沈没させることもあったそうです。

ちなみに朝比奈摩仙名《あさひなませんな》という〝十人力〟の尼《あま》さんが四月二日の朝に朱柄《しゅえ》の槍《やり》を持って船に乗って接近して敵船に乗り込み、まったく傷を負わずに敵を倒したという逸話も伝えられています。

○自らの首を差し出し、城内の婦女子を救う

さて、四月三日には太田城の周辺は満水になったものの、もともと東側に横堤が南北に伸びるように築かれていたため、城内に水が入ることはありませんでした。しかし、八日に横堤が切れて城内に浸水。股《また》や腰まで水位が上がり、女性や子どもは怖がって泣き悲しんでしまう有様でした。それを見て覚悟を決めた左近さんは「神力を借り、女子どもを救ってから自害をしよう」と、太田城の東南の日前宮《にちぜんぐう》（日前神宮《ひのくま》・國懸神宮《くにかかす》）を城内から拝むと、あら不思議、翌九日に宇喜多《うきた》秀家《ひでいえ》が担当した堤防が水の勢いに負けて決壊。宇喜多軍の多くの兵士が溺死するなど大混乱になっている間に、溜まっていた水は抜けていき、城内の女子どもを助けることができたといいます。

雑賀衆の矜持《きょうじ》を見せつけた今、左近さんは降伏を決意します。籠城開始から約一ヶ月後の四月二十二日、秀吉の重臣の蜂須賀正勝《はちすかまさかつ》を通じて「我々三十八人が自害をするので、何卒《なにとぞ》、御慈悲の御了簡《ごりょうけん》（お考え）をもって児女の命を助けていただければ、ありがたき仕合わせです」と嘆願しました。秀吉はこれを受け入れて、左近さんは腹を十文字に掻《か》き切って切腹。続けて太田城の将たちも切腹をし、最終的に七十三人が自害したと『根来寺焼討太田責細記』には記されています。

一方『太田城由来并郷士由緒記』では、「城内の〝行衛《ゆくえ》知らずの者ども〟の五十一の首を差し

出した」とあり、こちらでは左近さんがどうなったかは記されていません。また、開城当日の四月二十二日の秀吉の書状には「太田城に逃げ集まった悪党たちが、往還の人夫を殺して荷物を奪うなどの乱暴狼藉《ろうぜき》を働いたために水攻めした」というようなことも記されています。

ちなみに、秀吉はその書状で、「百姓の弓矢、槍、鉄砲、腰刀などの使用を停止《ちょうじ》（禁止）する。これからは鋤《すき》、鍬《くわ》、農具を使うことを心がけ、耕作だけをするように」とお達しを出しているのですが、これはいわゆる「刀狩令《かたながりれい》」です。教科書だと一五八八年（天正十六）に出されたと習いますが、あれは全国的に出されたもので、それに先駆けて太田城の者たちに出されていたんですね。

差し出された首の数ですが、二十六日に次右衛門宗俊（どういった人物かは不明）が根来寺の明算《みょうさん》に送った書状には「中心人物五十三人の首が刎《は》ねられ、その女房たち二十三人が磔《はりつけ》になり、五十三人の首は天王寺《てんのうじ》・阿倍野《あべの》で晒《さら》された」「残りの衆は道具（武器）を差し出して許され、太田城は放火された」とあり、フロイスも「斬首《ざんしゅ》になったのは五十三人」と記しています。

現在、太田城の本丸跡と伝わる来迎寺《らいごうじ》に石碑が立ち、太田左近兵衛（左近さんの子孫？）の妻の「砂」の墓があります。また、自害した人の首を埋めたと伝わる「小山塚」が残り、大門（北東方面の城門）は大立寺《だいりゅうじ》に移築され現存しています。他に、惣光寺から飛び立って太田城の守護神となった伝説がある「毘沙門天《びしゃもんてん》（毘沙門塚）」や、城下の橋が水に浮いている夢を見て左近さんが秀吉の水攻めを悟《さと》ったという伝承がある「夢の浮橋」（現在、場所は不明）も伝えられています。

地元では、左近さんをモデルにした「自由の戦士さこんくん」と、朝比奈摩仙名をモデルにした「愛の戦士ませんなちゃん」というご当地キャラも誕生しています。

山田長政

シャムに渡った自称「信長の末裔」！
海外にも像が立つ異色の日本人

どんマイナー
パラメーター

統率力	★★★★★
武勇	★★★
知略	★★★★
政治力	★★★★★
シャムドリーム度	★★★★★

○四千四百キロを隔てて立つ銅像

日本全国に武将たちのカッコいい像がたくさん立っていますが、中には海外に像が立てられている人物がいます。それが山田《やまだ》長政《ながまさ》です！

マイナーな武将たちを取り上げている本書ですが、実は長政さんは高校の教科書に登場しています。たとえば『詳説日本史　改訂版　日本史B』では、次のような文章でまとめられています。

「朱印船《しゅいんせん》貿易がさかんになると、海外に移住する日本人も増え、南方の各地に自治制を敷いた日《に》本町《ほんまち》がつくられた。渡航した日本人の中には山田長政のようにアユタヤ朝の王室に重く用いられたものもいる」「駿府《すんぷ》出身の山田長政は、アユタヤ朝（タイ）の首都アユタヤにあった日本町の長《おさ》で、のちリゴール（六昆）の太守《たいしゅ》（長官）となったが、政争で毒殺された」

なんだかスゴい人生ですよね。出身地とされる駿府《すんぷ》城の城下町の馬場町《ばばんちょう》（静岡県静岡市）にも胸像がありますが、そこから直線距離で約四千四百キロ先のアユタヤ王朝にあった日本町（移住した日本人の集落）跡にも像が立っているんです。戦前は世界進出のシンボルとなり、一九三五年

（昭和十）には長政さんを祭神とした長政神社（山田神社）が建てられ、今も残っています。

まるでドラマみたいな人生を歩んだ長政さんですが、アユタヤに渡る前の日本時代のことはよくわかっていません。教科書には駿府（静岡市中心部）出身とありますが、生誕地は長政さんの母の故郷である富厚里《ふこうり》（静岡市西部）が有力説で、他に尾張《おわり》（愛知県）や伊勢《いせ》（三重県）の出身という説もあります。『山田長政本伝』によると、長政さんは連れ子で、母が再嫁《さいか》したのが馬場町の紺屋《こうや》（染め物屋）の津国屋（津ノ国屋）だったといいます。新しい父は「九左衛門」というお方で、伊勢の出身だったらしいので、長政さんも伊勢出身ではないかと考えられたようです。ちなみに、馬場町の胸像の近くにある「山田長政屋敷跡」の石碑は、一八四二年（天保《てんぽう》十三）に描かれた駿府城の城下町の絵図にある「津国屋九左衛門」の跡地に立てられています。

中でも興味深いのは尾張出身説で、『山田仁左衛門渡唐録』には、「山田仁左衛門長政は〝自分は織田信長《おだのぶなが》の裔孫《えいそん》（子孫）で、山田は織田の別名である〟と言っていた。本国は尾州《びしゅう》（尾張）の人」とあるんです。この史料は元禄《げんろく》年間（一六八八〜一七〇四）に駿河《するが》（静岡県）の人がまとめたとされる史料で、「山田は織田の別名」というのも裏付けがあるわけでもないので、そのまま史実と受け取るわけにはいきませんが、「信長の子孫が世界に⁉」と考えるとワクワクしますね。

○日本で学んだ軍学をシャムで開花

ドラマチックな長政さんは、確かに存在した人物でして、江戸幕府の史料に登場してきます。それが、徳川家康《とくがわいえやす》や徳川秀忠《ひでただ》のブレーン僧侶の金地院《こんちいん》崇伝《すうでん》が残した『異国日記』です。一六二一年（元和《げんな》七）、日本では無名だった長政さんの書状が、江戸幕府の重臣宛にシャムから届いたので「この人だれ？」と思ったのでしょう、長政さんの素性が次のようにメモ書きされています。

「大久保治右衛門（忠佐《ただすけ》）、六尺《ろくしゃく》（駕籠《かご》かき）、山田仁左衛門、暹羅《シャム》へ渡り有るにつき、今は暹羅の仕置を仕《つかまつ》り候《そうろう》の由なり。上様（徳川秀忠）の書にも見えたり、この者の事か。大炊《おおい》殿（土井《どい》利《とし》勝《かつ》）、上州《じょうしゅう》（本多《ほんだ》正純《まさずみ》）へ文を越す」

〝仁左衛門〟（仁左衛門尉とも）こと長政さんは、日本にいた時は大久保忠佐の駕籠かきだったそうなんです。駕籠かきを意味する「六尺」は、六尺（約百八十二センチ）もあるガタイの良い人がやる仕事ということに由来しているので、長政さんは恵まれた体格だったのかもしれません。

これが長政さんの前半生を知る唯一の一次史料で、その後、いつ駕籠かきを辞《や》めて、いつシャムへ渡ったのかは不明です。『山田仁左衛門渡唐録』では「元和三、四年（一六一七、一八）の時」、『通航一覧』（江戸幕府が編纂《へんさん》した外交史料）には「元和（一六一五～二四）の頃」などとあります。『山田仁左衛門渡唐録』には渡海した時、長政さんは「二十七、八歳だった」とあるので、逆算すると一五九〇年（天正十八）か一五九二年（文禄《ぶんろく》元）の間に生まれたということになります。

ちなみに、長政さんは「武州《ぶしゅう》（武蔵《むさし》。埼玉県・東京都）で罪を犯して長崎に逃れシャムに渡った」と『天竺徳兵衛《てんじくとくべえ》物語』（シャムにいたことがある天竺徳兵衛の回顧録）とも記されています。

長政さんは朱印船（江戸幕府が許可した朱印状を携帯した船）に同行（密航？）して渡航したようなのですが、実は長政さんがシャムに渡る前から日本人が移住していて日本町を形成していました。そして、日本人はある強力な力を持っていたため、アユタヤ王朝にとって非常に重要な役割を果たしていました。その力というのが「貿易力」と「軍事力」です。貿易ではシャムからは硝石《しょうせき》（日本では採れない弾薬の原料）や、鮫《さめ》・鹿の皮（刀剣の飾りの素材）などが日本に輸出され、莫大《ばくだい》な利益を上げていました。実際、長政さんは江戸幕府に硝石と鮫皮を献上しているのですが、その時に長政さんの存在が幕府に知られ、先ほどの金地院崇伝の日記に繫《つな》がるわけです。

貿易だけでなく、日本人は軍事力でもアユタヤ王朝に貢献。戦乱が終わって職を失った武士が海外に活躍の場を求めて渡航、海外の地で経験豊富なベテラン軍人として雇われたようなんです。長政さんは日本時代に実戦経験はなかったものの、『暹羅国風土軍記』に「仁左衛門は日本の軍法に通じ、古今の戦《いくさ》をよく覚えて物語りをしていた」とあるように、歴戦の将である大久保忠佐に側《そば》近く仕《つか》えた時に一流の軍学を学んでいたのかもしれません。

○スペイン艦隊を撃破、シャムの〝軍神〟に

日本人の傭兵《ようへい》集団を率いるアユタヤ王朝の〝武将〟となった長政さんは、江戸幕府に献上品を送った一六二一年（元和七）、なんとスペイン艦隊を撃破しています。スペインの艦隊が、チャオプラヤ川を北に上ってアユタヤを攻めようとしましたが、海上の防衛も任されていた長政さんは、奇襲を仕掛けて火を放ち、見事に撃退。その三年後にも再びスペイン艦隊を撃退しています。

この合戦の時の様子を描いたものかは不明ですが、長政さんは軍艦を描いた絵馬《えま》を一六二六年（寛永《かんえい》三）に静岡浅間《せんげん》神社（馬場町のすぐ北）に奉納《ほうのう》しています。絵馬に描かれた軍艦は、帆《ほ》を付け、大砲を十門ほど装備、船上には日本の甲冑《かっちゅう》を装着した三十人ほどがいて、船首には弓を構え

た武士たちが並んでいます。軍艦の上には「今天竺暹羅国住居」「山田仁左衛門尉長政」と書かれていて、原本は江戸時代中頃の火事で焼失したものの、写しが伝えられています。

また、日本人軍の行軍を描いたとされる絵図の写しも奉納されています。もとはアユタヤのワット・ヨム寺院の壁画だったらしく、三頭いる象の上に八人の兵士が乗り、中央には金地に日の丸の旗が掲げられています。また、象の下には五十五人の兵士が行軍していて、唐草《からくさ》模様の日本風の着物を身につけたり、手に薙刀《なぎなた》のような武器を持っている人たちがいます。

さて、精強な（現地では〝乱暴な〟と表現されることも）日本人部隊を率いてスペイン艦隊を撃破した長政さんは、アユタヤ王朝にとっては軍神そのもの。それがそのまま長政さんの名前になり、現地で〝軍神〟を意味する「セーナピモック」という尊称で呼ばれるようになったのです。

こうして、当時の日本でいう「老中《ろうじゅう》」のような存在となり、かつては雲の上の存在だった将軍にも知られて、幕閣《ばっかく》と対等な存在になったわけですから、まさに〝ジャムドリーム〟ですね！

○王家の跡目争いに巻き込まれ無念の最期

それほどの力を持った長政さんは、アユタヤ王朝の御家騒動でも強すぎる影響力を見せています。そのあたりのことはファン・フリート（長政さんの死後にアユタヤの商館に勤めたオランダ人）による『暹羅革命史話』にまとめられています。

まず、長政さんが仕えたソンタム王が一六二八年に亡くなると、息子のジェッタ（チェーター）皇子が王位を継承。ところが、アユタヤでは息子ではなく弟が跡を継ぐことが一般的だったため、御家騒動が勃発《ぼっぱつ》。ジェッタと叔父のシーシン（ソンタムの弟）が争うことになりました。ちなみに、ソンタム王を「日本では子が跡を継ぐことが法（ルール）です。王（ソンタム王）から法を改めましょう」と長政さんがそそのかした、と『暹羅国山田氏興亡記』には記されています。

この争いで長政さんは、ジェッタ派に付いて日本人傭兵集団を率いて王宮に入り、ジェッタへの王位継承を実現させ、シーシン派の徹底的な粛清《しゅくせい》劇にも加担しています。そして、長政さんは日本へ報告の使者を送っているのですが、この時のことも金地院崇伝の日記に残されています。

しかし、長政さんとともにジェッタ派を勝利に導いたシーウォラウォン（ソンタム王の従兄弟《いとこ》）が暗躍。自らが王位を継承しようとクーデターを起こしてジェッタを処刑。自分が王位に就こうとしたものの、長政さんがそれに反対します。長政さんの軍事力を恐れたシーウォラウォンは折れ、長政さんが推したジェッタの弟のアデットウンが王位に就くことになりました。

それでもシーウォラウォンは野心を捨てることなく、長政さんの排除を画策。当時、リゴール（アユタヤから南に約六百五十キロ）という地域にはアユタヤ王朝の反対派がいたり、隣国のパタニ王国の攻撃に悩まされていました。そこでシーウォラウォンは「長政しかいない！」と、長政さんをリゴールに長官として派遣しようとします。長政さんは辞退したものの、シーウォラウォンはアデットウン王の名を使って長政さんを説得。異例の措置として、リゴールの長官ではなく「リゴール王」として派遣されることとなり、長政さんもついに説得に応じることとなったのです。

長政さんをリゴールに遠のけた直後、シーウォラウォンは、今度はアデットウンを処刑。王位継承からわずか三十八日後のことでした。そして、シーウォラウォンはついにアユタヤの王「プラサート・トーン」となった（それ以前にも何度も名前を変えているが省略）のです。

下剋上《げこくじょう》を果たしたプラサート・トーンの次なるターゲットとなったのが長政さんです。長政さんによるリゴールの平定がうまくいってしまったことに焦ったプラサート・トーンは、リゴールの前長官に、「長政を暗殺すればリゴールの長官に復帰させる」という旨《むね》の密書を送ります。長政さんは前長官の弟であるナリットという人物に心を許していたそうで、そこを狙《ねら》われてしまいます。パタニ軍との戦いで足を負傷していた長政さんに、ナリットは治療と称して毒の膏薬《こうやく》を塗り付け、長政さんを毒殺。これは一六三〇年（寛永《かんえい》七）のことだったと考えられています。

その後、長政さんの跡を十八歳だった息子の「オークンン・セーナピモック」が継ぎますが、前長官の暗躍による日本人同士の争いから、現地の人々との争いに繋がってしまったため、日本人たちとともにリゴールを逃れて、カンボジア（もしくはビルマ）に逃れたといわれています。

長政さんを排除したプラサート・トーンは、アユタヤの日本人町を焼き討《う》ち。二、三年後に日本人町は復興されましたが、往時のにぎわいが戻ってくることはなく、さらに日本では〝鎖国《さこく》〟政策が取られたこともあり衰退。十七世紀を迎えた頃には日本人町は消滅していたようです。

ちなみに、長政さんのように海外に像が立っている武将には、伊達政宗《だてまさむね》の家臣で、慶長遣欧使《けいちょうけんおうし》節《せつ》の使者となった支倉常長《はせくらつねなが》（こちらも教科書に登場）がいます。滞在したコリア・デル・リオ（スペイン）やハバナ（キューバ）、アカプルコ（メキシコ）に像が立てられています。

海を渡って世界で活躍した武将たち――。戦前のみならず、現代人の心にも突き刺さる生き方なのではないでしょうか。いつかアユタヤとリゴールにも行ってみたい！

毛受家照

「鬼柴田と云われしは我なり！」
賤ヶ岳で主君の身代わりとなった忠臣

どんマイナー
パラメーター

統率力	★★★
武勇	★★★★★
知略	★★★
政治力	★★
江戸時代の人気	★★★★★

○その出自や名字の読み方に諸説あり

出ました、超難読の戦国武将です。毛受家照《めんじょういえてる》は、羽《は》柴《しば》秀吉《ひでよし》と柴田《しばた》勝家《かついえ》が戦った一五八三年（天《てん》正《しょう》十一）の「賤《しず》ヶ岳《たけ》の戦い」の名シーンに欠かせないお方です。

この名字の「毛受」の読み方ですが、当時の史料がないのでたぶんになりますが「めんじょう」のようです。現在、ほとんどの歴史書籍やネット情報には「めんじゅ」とあるのですが、「賤ヶ岳の戦い」をまとめた江戸時代の史料では、ほぼ「めんじょう」と記されているので、少なくとも江戸時代は「めんじょう」さんだったみたいです。ちなみに、愛知県一宮《いちのみや》市に「毛受」という地名がありますが、こちらは「めんじょ」と読みます。『尾張国地名考《おわりのくにちめいこう》』（江戸時代中頃の史料）によると、地名のルーツは大和《やまと》（奈良県）にあった毛受という場所で、こちらは「もず」（百舌鳥、鵙）と読みます。それが鎌倉時代以降に「もず→もうじゅ→めんじょう」と変化し、明治時代以降にまた変わって、現在は「めんじょ」となっているそうです。

で、家照さんがその毛受を拠点にしていたかというと、それもよくわからないんです。当時の史料でわかるのは、柴田勝家の側近で取次役《とりつぎやく》を務めていたということくらいで、出自や領地などはまったく不明です。それでも江戸時代から人気の武将で、幕末の人気浮世絵師・落合芳幾《おちあいよしいく》が描いた『太平記英勇伝』にも、名だたる武将たちと並んで「毛受荘　助《しょうすけ》家照」が登場します。この通称名の「荘助」も史料によって表記は「勝介」「庄介」「庄助」「少介」などバラバラです。

さて、そんな家照さんの像があるのは、一宮市の毛受から二十五キロほど南東の尾張旭市《おわりあさひ》にある文化会館の前。家照さんは春日井《かすがい》郡の稲葉村の出身だったといわれていることから、稲葉村があった尾張旭市に郷土の偉人として、甲冑《かっちゅう》に陣羽《じんば》織《おり》姿の勇ましい像が立てられているんです！

家照さんの経歴が記されている一番古い史料に『太閤記《たいこうき》』（一六二六年〈寛永《かんえい》三〉出版）があります。そこには「尾州《びしゅう》春日井郡の稲葉村の人」と、現在の尾張旭市の出身であることが書かれていて、その後に「柴田勝家に十二歳の頃から仕《つか》えて小姓頭《こしょうがしら》（側近のトップ）になり、一万石《ごく》の領地を持っていた」とあるので、早くから織田信長《おだのぶなが》重臣の柴田勝家に仕えていたようです。また、家照さんの〝良い人〟ぶりも紹介されていて、「古風を好み、母に孝があった」とか、「朋友（友人）に信愛厚く、貧士《ひんし》（貧しい人）を憐愍《れんびん》（同情）し、旅人らに恵み深かった」などとあります。

○柴田勝家との感動的な今生の別れ

そんな家照さんは『真書太閤記《しんしょたいこうき》』（江戸時代後期にまとめられた史料というよりも物語）によると二十五歳の時に運命の「賤ヶ岳の戦い」を迎えます。逆算すると一五五九年（永禄《えいろく》二）の生まれということになります。

「賤ヶ岳の戦い」は、信長亡き後の権力争いの中で起きた秀吉と柴田勝家による合戦で、賤ヶ岳や木之本周辺（滋賀県長浜市）が舞台となりました。三月半ばから睨《にら》み合いが続く中、柴田勝家の甥《おい》・佐久間盛政《さくまもりまさ》が秀吉の不在を狙《ねら》って秀吉方の大岩山砦《おおいわやまとりで》を強襲、守将の中川清秀《なかがわきよひで》を討《う》ち取ります。柴田勝家は撤退《てったい》を命じますが、佐久間盛政が応じずに最前線に残っていると、大垣城《おおがき》（岐阜県大垣市）にいた秀吉は軍勢を木之本に大返し。すぐさま柴田軍に反撃を仕掛けると、柴田方の前田利家《まえだとしいえ》が撤退を始めて佐久間隊も壊滅《かいめつ》するなど、柴田軍は総崩れとなってしまいます。

『太閤記』によると、追い詰められた柴田勝家は「ここで一合戦すべき」と軍勢を整えはじめます。家老は「わずか三千ばかりの兵では、勢いに乗る大軍を相手に勝ち目がない」と止めますが、柴田勝家は一戦交えることを主張。家臣たちが困惑する中、家照さんが口を開きました。

「それは昔、尾州（尾張）で戦《いくさ》に慣れた者たちを率いていた時のことです。この戦いでは逃げてしまった者が多く、すでに半分の兵を失いました。昨日、先手の者（佐久間盛政）が従わなかったことも、このように兵を失ったのも、すべて極運《ごくうん》（運の尽き）だということです」

家照さん、かなり毒舌《どくぜつ》ではありますが、冷静に戦況を分析しています。さらに続けます。

「ここで不甲斐《ふがい》ない討死《うちじに》をして名の知れぬ者の手にかかれば、後世に悔いを残すことになります。願わくば、北ノ庄《きたしょう》（福井県福井市。勝家の本拠地）へ帰られて、心静かにご自害なさってください」

そして、柴田勝家との今生《こんじょう》の別れとなる言葉でこう締めくくります。

「その馬印《うまじるし》を受け取り、御名代《みょうだい》としてここで討死いたします。その隙《すき》に急いで帰陣なさってください。とやかく考えているうちに、いたずらに時は過ぎてしまいます」

家照さんは早い口調で厳しく、柴田勝家に諫言《かんげん》します。すると、柴田勝家は「尤《もっとも》なり」と家照さんに馬印を渡し、「心ある者は毛受に味方せよ」と言い残し、退却を始めました。『太閤記』だと、お別れはずいぶんあっさりしていますが、『真書太閤記』では、涙々の超感動的な場面となっていて、馬印を受け取っただけではなく甲冑《かっちゅう》を脱いで着させたというシーンになっています。

馬印とは武将の居場所を示した旗や幟《のぼり》のことで、柴田勝家の馬印は〝金の御幣《ごへい》〟だったといわれています。御幣というのは、神社などで見かけることのある祭祀《さいし》に使うお供《そな》え物で、雷のような形をした紙垂《しで》を幣串《へいぐし》と呼ばれる串に挿《さ》したものです。『太平記英勇伝』の浮世絵も、金箔《きんぱく》を塗られた大きな御幣を背負った姿で描かれています。

家照さんは兄の毛受茂左衛門《もざえもん》と三百余人の手勢、あとわずかばかりの柴田勝家の小姓や馬廻《うままわり》を率いて、空いていた原長頼《はらながより》（柴田勝家の家臣）の砦《とりで》に入ります。そこで年老いた母や妻子たちへの形見の物を家臣に渡すように頼み、土器《かわらけ》を使って酒樽《さかだる》から汲《く》んだ酒を飲み交わしました。

そこへ秀吉軍が追撃してくると、「あそこに修理亮《しゅりのすけ》（柴田勝家）がいる」と迫り、何重にも取り囲みます。そこで家照さんは大音声《だいおんじょう》でこう名乗りを上げました。

「天下に隠れもなき〝鬼柴田〟と云《い》われしは吾《われ》なり！」

カッコいい！ そして、家照さんが突撃を仕掛けると、敵は勢いに押され、あっという間に二町《ちょう》（約二百十八メートル）も退きます。家照さんは懸命に戦ったものの、秀吉軍は何度も新手の兵を送り込んで攻撃を仕掛けたので、次第に死傷者が増えていき、兵も残りわずかとなりました。

家照さんは兄に、「勝家様が退いてから一刻《いっとき》（約二時間）も過ぎたでしょうから、無事に退かれたことでしょう。ここで潔《いさぎよ》く最後の戦いをして、腹を切ろう」と告げて、残された十余人を引き連れて敵陣に切り掛かり、散々に敵を打ち破った後に兄弟で腹を切って亡くなりました。その見事な最期《さいご》は有名になり、「あっぱれ、剛《ごう》の者なり」と子どもたちまで口ずさんだといいます。

ここまで『太閤記』はベースですが、細かい部分は史料によって違っていて、特に最期については切腹ではなく「鉄砲で討ち取られた」（『川角《かわすみ》太閤記』）や「木下半右衛門《はんえもん》が討ち取った」（『江州余吾庄《ごうしゅうよごのしょう》合戦覚書《かっせんおぼえがき》』）、「小川土佐《おがわとさ》の家臣が討ち取った」（『豊鑑《とよかがみ》』）など様々なパターンがあり、『真書太閤記』では秀吉軍は家照さんをなかなか討ち取れず、最終的に筒井順慶《つついじゅんけい》の家臣の島左近《しまさこん》（実際は筒井家は参戦していない）が討ち取るというドラマチックな展開になっています。

○もう一つの〝金の御幣〟のエピソード

ちなみに、これまた『真書太閤記』によると、これ以前にも家照さんには柴田勝家との〝金の御幣〟のエピソードが記されています。それは一五七一年（元亀《げんき》二）の「長島一向一揆《ながしまいっこういっき》」時のこと。苦戦した柴田勝家は敵に馬印を奪われてしまい、自分で取り返そうとするも、それを制した家照さんが敵陣にひとり乗り込み、見事に馬印を奪還したというのです。柴田勝家はそれに感謝して、家照さんの手を取って涙を流したといいます。そして、褒美《ほうび》として「勝」「家」の字を授け、それまで「毛受勝助照景」と名乗っていた家照さんは「毛受勝助家照」と名を改めたそうなんです。これ、勝助は勝助のままですね（笑）。

この逸話も江戸時代に有名だったようで、歌川芳員《うたがわよしかず》の『太平記長嶋合戦』という浮世絵に家照さんが金の御幣を奪い返す姿が描かれています。確かに、柴田勝家はこの戦いで馬印を取られて、家臣が奪い返すという話は『信長記』や『当代記』などに載っているのですが、そちらでは奪還したのは家照さんではなく柴田勝家の小姓《こしょう》だった水野次右衛門《みずのじえもん》というお方になっています。

つまり、『太閤記』などの軍記物で「家照さん×金の御幣×賤ヶ岳」の組み合わせが有名になると、いつからか「家照さん×金の御幣×長島」という組み合わせも誕生して、それが定着していったみたいです。ただ、『東春日井郡誌』などによると、家照さんは水野家出身だったともいわれているので、前の名前が水野次右衛門だったのかもしれません。

あ、最後に「家照」という名でずっと呼んできましたが、実名も当時の史料からは確認できないので、こちらも本当の名前かどうかはわかりません。これも史料によって異なりますが「勝輝」「吉親」(『柴田勝家公始末記』)、「家利」(『尾張徇行記《じゅんこうき》』)などがあります。地元の史書には「家照」としているものが多くて、尾張旭市の像も「毛受勝助家照之像」となっているので、本書はそちらで統一させていただきました。

現在、賤ヶ岳の古戦場には「毛受兄弟の墓」が伝えられていて、周辺は「毛受の森」と呼ばれています。さらに一九一〇年(明治四十三)の『越前人物志』によると、家照さんは片上村《かたかみ》(福井県鯖江《さばえ》市)の奉行《ぶぎょう》を務め、村に水を引いて不毛の地を開墾《かいこん》したことから、地域の方々が感謝の気持ちを込めて、地元の春日神社に「勝助社」を建立《こんりゅう》し、家照さんの像を御神体《ごしんたい》としていたそうなんです。一九〇九年(明治四十二)の『越前国今立郡誌』にも、「毛受勝助の像があるが、腐食していて目も耳もよく分からない」とあるのですが、もし見られるなら見てみたい!

妙林尼

その強さは、まるで巴御前！ 強敵・島津家を十六回も撃退した〝尼城主〟

どんマイナーパラメーター	
統率力	★★★★
武勇	★★
知略	★★★★★
政治力	★★★
島津撃退数	★★★★★★★★★★★★★★★★

○主力不在の城に襲来する島津の軍勢

戦国時代、戦ったのは男性だけではありません。時には女性も戦いました。豊後《ぶんご》の鶴崎《つるさき》城（大分県大分市）には〝女城主〟として、あの屈強な島津《しまづ》家の大軍を撃退したという尼《あま》さんが伝えられています。それが妙林尼《みょうりんに》（妙麟尼）です。JR鶴崎駅から鶴崎城跡（鶴崎小学校&鶴崎高校）への道中、国道197号線沿いの公民館前には〝長刀《なぎなた》を持った尼さん〟の姿をした妙林尼さんの石像が建ち、鶴崎商店街連合会のマスコットキャラクターとして「妙林ちゃん」も誕生しています。

当時の史料には登場してこないものの、九州の合戦を扱った数々の軍記物に登場してきます。『大友興廃記《おおともこうはいき》』や『両豊記《りょうほうき》』によると、父は林左京亮《はやしさきょうのすけ》という人物（『豊薩《ほうさつ》軍記』では丹生《にゅう》小次郎正俊）で、実家が林家だったことから妙林尼と名乗ったといいます。嫁《とつ》いだ相手は、『大友興廃記』などでは「吉岡掃部助《よしおかかもんのすけ》（鎮興《しずおき》）」、『豊薩軍記』では吉岡掃部助の父である「吉岡宗歓《そうかん》（長増《ながます》）」となっています。どちらにせよ妙林尼さんは吉岡家に嫁いだわけなので「吉岡妙林尼」という名で紹介されることもあります。

この吉岡家は、豊後を中心に九州に大勢力を築いた大友家の重臣（大友家の分家の分家）です。ところが、大友家は一五七八年（天正《てんしょう》六）に日向《ひゅうが》（宮崎県）で起きた「高城川《たかじょうがわ》・耳川《みみかわ》の戦い」で薩摩《さつま》（鹿児島県）を拠点とする島津家に大敗。妙林尼さんの夫とされる吉岡鎮興も、この戦いで討死《うちじに》をしています。この敗北をキッカケに大友家は衰退。それに対して島津家は一五八四年（天正十二）の「沖田畷《おきたなわて》の戦い」（212P「勝屋勝一軒《かつやしょういっけん》」参照）で龍造寺隆信《りゅうぞうじたかのぶ》を討《う》ち取るなど九州北部に勢力を拡大。そして、一五八六年（天正十四）に大軍を派遣《はけん》して大友家に攻め掛かりました。「豊薩戦争」（豊後と薩摩の戦い）とも称される、九州戦国史のクライマックスとなるこの戦いで、妙林尼さんのいる鶴崎城にも島津軍が迫ってきたのです。

『両豊記』では、「勇力は古《いにしえ》の巴《ともえ》や山吹《やまぶき》にも劣らない」と称されている妙林尼さん。巴は「巴御《ご》前《ぜん》」、山吹は「山吹御前」のことで、平家を都落ちさせた木曽義仲《きそよしなか》に仕《つか》えて戦ったと伝えられる女性たちです。勇ましい女性を形容する時によく使われるたとえですが、妙林尼さんも二人と並ぶほどの勇敢さを持っていたようです。

島津軍が攻め寄せてきた時、吉岡家を継いでいた息子の吉岡甚吉《じんきち》（統増《むねます》）は主君の大友宗麟《そうりん》（義鎮《よししげ》）の居城である丹生島《にゅうじま》城（のちの臼杵《うすき》城。大分県臼杵市）に行っていたため、臨時の〝女城主〟となったのが妙林尼さんでした。『吉岡系図』によると、息子は一五六八年（永禄《えいろく》十一）生まれの当時十九歳なので、妙林尼さんはアラフォー（四十歳前後）だったと考えられます。

『大友興廃記』によると、妙林尼さんは自ら城内を見て回り、水堀をV字型の薬研堀《やげんぼり》（薬研＝薬材をゴリゴリと粉末にする器具）に掘らせて、水中で蔓《つる》を伸ばす菱《ひし》を植えさせます。さらに柵《さく》を巡らせて落居《らっきょ》（落とし穴）を掘り、塀《へい》には板や畳を代用。主力は不在で三百ほどの武士しかいなかったものの、地元の民百姓《たみひゃくしょう》が協力して籠城《ろうじょう》してくれたといいます。

○〝親衛隊〟を従えて敵を迎え撃つ！

十一月十二日、迎撃態勢が整った鶴崎城に島津軍が攻め掛かりました。大将は伊集院美作守《いじゅういんみまさかのかみ》（久宣《ひさのぶ》）・野村備中守《びっちゅうのかみ》（文綱《ふみつな》）・白浜周防守《すおうのかみ》（重政《しげまさ》）の三人で、総勢三千余、鶴崎城の十倍ほどの大軍でした。

島津軍は城主や主力が不在の鶴崎城をナメていて、やすやすと攻め落とそうと柵に迫ります。ところがその手前で、まるでドッキリ番組のように島津軍の兵たちは次々と落とし穴に落下！穴の中に設置されていた杭《くい》に貫かれてしまう者もいました。それを見た妙林尼さんは城内から二百八十挺《ちょう》の鉄砲での射撃を命じて多くの兵を討ち取り、島津軍は撤退《てったい》を余儀《よぎ》なくされました。

見事に島津軍を撃退した妙林尼さん。服装は「着込みの上に羽織《はおり》」、つまり尼僧《にそう》が着る法衣《ほうえ》の下に甲冑《かっちゅう》を着込み、その上に陣羽織《じんばおり》を着ていて、その手には「小長刀《こなぎなた》」を持っていたそうです。そんな妙林尼さんの周囲には、彼女にあこがれた女房《にょうぼう》（女官）たちが、鉢巻《はちまき》を巻いて袴《はかま》を括《くく》り、刀を差して付き従っていたといいます。〝妙林尼親衛隊〟って感じですね。

かなり痛い目にあった島津軍。落とし穴を非常に警戒し、これ以上落ちないために近隣から集めた牛や馬を先に進ませて、その後に付いて城に迫ったといいます。少し滑稽《こっけい》ですが、効果的な戦術だったようで、島津軍は鶴崎城の落とし穴を埋め、三の丸を落とします。対する鶴崎城は、残された一の丸（本丸）と二の丸の防御を固め、島津軍の猛攻をなんと十六回も防ぎ切ることに成功。味方の死傷者は十余人だったのに対して、敵兵は数え切れないほど討ち取ったといいます。

しかし、相手が強敵の島津軍だったこともあり、ある時二、三人の武士が「ここまで勝利をしてきましたが、多勢の強敵です。（大友家への）忠節はこれまでにして降参しましょう」と提案してきました。すると妙林尼さんは「汝《なんじ》らは臆病者《おくびょうもの》なり」と激怒。国光《くにみつ》（鎌倉時代末期～室町時代初期の刀工）の刀を抜いて武士たちの首にスッと近づけたそうです。その武士たちは「御尤《ごもっとも》」と言って退出したそうです（笑）。

一方、攻めあぐねた島津家の三人の大将は、妙林尼さんに鶴崎城を明け渡してもらおうと、妙林尼さんの譜代《ふだい》の家臣二人（中島玄佐・猪野道案）に金銀を送って交渉を依頼。妙林尼さんにその旨《むね》が伝えられると、「日数を経れば兵糧米《ひょうろうまい》や玉薬《たまぐすり》（鉄砲の火薬）は続かない。和与《わよ》（和睦《わぼく》）の後、敵を討つ策《はかりごと》があるので、いかにも打ち解けて降参したように談合をしてきなさい」と命令します。〝和与の後の策〟——明らかに島津家に良くないことが起こるフラグが立ちましたね。

○恋に溺れた(?)敵将を酔わせて討伐

鶴崎城を島津家に明け渡した妙林尼さんは城下の屋敷に移ると、城内の島津家の大将を招いて宴《うたげ》を主催し、若女房に酌《しゃく》をさせ、歌会をするなど、とにかく〝おもてなし〟の日々を送ったそうです。

その頃、九州の情勢は島津家が圧倒的に優勢だったものの、大友宗麟が豊臣秀吉《とよとみひでよし》を頼ったことから、島津家討伐《とうばつ》のために豊臣家の大軍が九州に上陸してきていました。いわゆる「九州征伐《せいばつ》」です。一五八七年（天正十五）に秀吉が自ら出陣してくると、島津家は態勢を整えるために豊後から撤退することとなります。すると、鶴崎城の野村備中守はわざわざ妙林尼さんの屋敷を訪ねて、「我は今日（三月八日）引き取るが、妙林は如何《いかが》（どうする）」と聞いてきました。あれ、野村備中守、妙林尼さんのこと好きになってない（笑）？

野村備中守の真意は定かではありませんが、妙林尼さんは島津家に降参したことから、「大友殿に背《そむ》いたので、何《いず》れの国にも付いていきます。国に残っては一家一門は罪に問われるので、自らの人数（軍勢）も残らず連れて行ってください」と伝えます。それを聞いて「悦《よろこび》」状態となった野村備中守に、妙林尼さんは「首途祝《かどでいわい》」と称して、いつもの若女房に酌を取らせました。酒をガンガン飲んだ野村備中守は「正体なく酔った」そうです。それを見た妙林尼さんは野村備中守を見送ると〝策〟の総仕上げに取り掛かりました。

島津軍は鶴崎城を出ると、城の南から西に流れる乙津川《おとづがわ》を渡ろうとしました。するとその時、乙津川のほとりに隠れていた伏兵《ふくへい》たちが一斉に島津軍に襲い掛かったのです。この伏兵はもちろん妙林尼さんが事前に置いていたもの。この奇襲を受けて、大将の野村備中守をはじめ完全に油断しきっていた島津軍はたちまち大混乱。多くの兵が討たれていき、なんと大将の伊集院美作守と白浜周防守も討死。そして、野村備中守も重傷を負うと、撤退先の高城（宮崎県木城町《きじょう》）で亡くなったといいます。恋物語だったら切《せつ》なすぎる結末です。現在、伊集院美作守と白浜周防守の墓は鶴崎城下の東巌寺《とうごんじ》に建っていて、島津軍の戦死者を葬《ほうむ》った寺司浜《てらじはま》には「千人塚」（寺司地蔵尊）が伝えられています。

この「寺司浜の戦い」と称される戦いで再び島津家に大勝利を収めた妙林尼さんが、討ち取った首を主君の大友宗麟に送ると、「殊《こと》に（とりわけ）尼の身でありながら手柄を立てたことは、古今《ここん》比類なきことである」と大絶賛され、息子の吉岡甚吉に恩賞が与えられたそうです。また、妙林尼さんの噂《うわさ》を聞いた秀吉も会いたくなったようで、妙林尼さんを招いて面会したといいます。それ以上のことは書かれていないのですが、秀吉といえば有名な〝女好き〟ですから、なんだか下心が垣間《かいま》見えてきます（笑）。ちなみに『両豊記』には「恩賞も与えられるという話だったが、固く辞して受けなかった」と書かれています。

その後、息子の吉岡甚吉は一五九三年（文禄《ぶんろく》二）に主君の大友義統《よしむね》（宗麟の子）が改易《かいえき》となった時に、ともに没落。その息子の吉岡瀬兵衛が細川忠利《ただとし》（小倉城→熊本城の城主）に仕えて、子孫は細川家の家臣として続いています。妙林尼さんが守った鶴崎城は、江戸時代までに廃城となり、熊本藩の参勤交代《さんきんこうたい》時の宿泊所に改築され「鶴崎御茶屋」や藩校の「成美館《せいびかん》」として使用されました。現在、遺構はほとんどなく、鶴崎小学校の敷地内に「鶴崎城跡 熊本藩鶴崎御茶屋跡」、「成美館跡」の石碑や案内板が立てられています。

戦いの後の妙林尼さんについては一切不明ですが、女城主ではなく一人の尼として、亡き夫や島津家との戦いで討死した家臣や民百姓たちを弔《とむら》い続けたのかもしれません。

鶴姫

大内家の水軍を打ち破る！
〝瀬戸内のジャンヌ・ダルク〟の実像とは？

どんマイナー
パラメーター

統率力	★★★★
武勇	★★★★★
知略	★★★
政治力	★★
像の数	★★★★★

江戸幕府を開いた徳川家康《とくがわいえやす》は、生誕地である岡崎城の城域に六体もの像が立っていますが、家康には及ばないものの、ゆかりの地に五体も像が立っている戦国時代の女性がいます。それが鶴《つる》姫《ひめ》です！

○昭和にブームとなった戦国のヒロイン

鶴姫さんの出身地は、瀬戸内海に浮かぶ芸予《げいよ》諸島の最大の島である大三島《おおみしま》（愛媛県今治《いまばり》市）。広島県尾道《おのみち》市と今治市を結ぶ自動車道の「しまなみ海道」の途中に位置しています。鶴姫さんは、この島の大山祇《おおやまづみ》神社の大祝職《おおはふりしょく》（神職のトップ、読みは「おおほうり」とも）の娘だったとされていて、鶴姫さんの像は、大山祇神社の北の鶴姫ロードに二体、近くの鶴姫公園に一体、隣の大三島藤公園に一体、宮浦港に一体建てられているんです。まさに地元が誇るヒロインなわけですが、実は地元でも知られるようになったのは、最近のこと。一九六六年（昭和四十一）に『海と女と鎧《よろい》　瀬戸内のジャンヌ・ダルク』という、鶴姫さんが主人公の小説が出版されたことがキッカケでした。この小説は、三島安精《みしまやすきよ》さんという、大祝職の末裔《まつえい》にあたるお方の作品で、江戸時代中頃にまとめられたという『大祝家記』がベースとなっています。あらすじは、次のような感じ。

一五二六年（大永《だいえい》六）、大山祇神社の大祝職を務める大祝家（役職をそのまま名字にしていた）に生まれた鶴姫。大祝家の待望の女児（兄が二人いた）で、人々は「三島明神《みしまみょうじん》（大山祇神社の祭神の「大山祇」のこと）の申し子じゃ」と噂《うわさ》した。鶴姫は「兄のようになりたい」と四歳の頃から、父の大祝安用《やすもち》に武術や兵法を教わるなど「神童」と称され、立派な女武者へと成長していった。

父の死後、一五四一年（天文《てんぶん》十）に周防《すおう》（山口県）の大内義隆《おおうちよしたか》の水軍《すいぐん》が大三島を襲撃。兄の大祝安房《やすふさ》が討死《うちじに》してしまい窮地《きゅうち》に陥ると、十六歳の鶴姫は「最後の戦いだ」と三島明神に祈りを捧《ささ》げて大薙刀《おおなぎなた》を手に出陣。「我は三島大明神の使いの鶴姫と申すものなり、われと思わんものは出あえ」と勇ましく戦い、ついに敵軍を追い払うと、人々は鶴姫を「三島大明神の化身《けしん》」と信じるようになった。その後、大内義隆は小原中務丞《おはらなかつかさのじょう》（隆言《たかのぶ》）らを軍将として再び攻め込むも、鶴姫は自ら小原中務丞を討《う》ち取り、大内軍を撃退した。

その二年後、大内義隆は陶晴賢《すえはるかた》を総大将として再び大三島を襲撃。鶴姫は何とか撃退するものの、恋仲となっていた幼馴染《おさななじみ》の越智《おち》安成《やすなり》が早船で敵船に突っ込み帰らぬ人となってしまう。悲観した鶴姫は「わが恋は　三島の浦のうつせ貝　むなしくなりて　名をぞ煩《わずら》う」と歌をしため、三島宮（大山祇神社）に参拝した後、小舟に乗って浜から沖合に漕ぎ出し入水《じゅすい》自殺をした。享年《きょうねん》は十八。鶴姫が入水をした海は、いまでも鈴の音が聞こえるという。

この小説が基となり、大三島では鶴姫さんのイラストを使った饅頭《まんじゅう》や煎餅《せんべい》、お酒などが売られ、食堂や喫茶店の店名にも使われるようになったそうです。さらに一九九三年（平成五）には日本テレビ系で、小説が原案の『鶴姫伝奇─興亡瀬戸内水軍─』（鶴姫役は後藤久美子《ごとうくみこ》さん）というドラマが放送され、全国的にも知られるようになっていき、〝瀬戸内のジャンヌ・ダルク〟という異名とともに〝大三島のシンボル〟となっていきました。

○史実と伝承の狭間から伝わるロマン

大山祇神社は古くから〝戦の神様〟として武将たちの信仰を集めていました。そのため、源頼朝《みなもとのよりとも》や源義経《よしつね》が奉納したと伝わる鎧が現存するなど、なんと全国にある「国宝」や「重要文化財」と指定されている武具の約四割が集まっています。その中に、胸の部分がふくらんでウエストの部分がキュッと細くなっている、室町時代に作られた「紺糸裾素懸威胴丸《こんいとすそすがけおどしどうまる》」という甲冑《かっちゅう》があります。これを見た小説の著者である三島さんは、「これは女性でなければ着られない代物《しろもの》だ」と感じ、その時にふと、自分の家に伝わる『大祝家記』に「鶴《つる》」という勇猛な女武者が記されていたことを思い出したそうです。そして「その鎧は鶴姫の着用したものであろう」と考えるようになり執筆に取り掛かったと、小説のはしがきに紹介しています。

ここからが「鶴姫伝説」の面白いところです！

まず「鶴姫が着用した」と紹介されるようになったのは、三島さんが小説に書いてからのこと。

それ以前には、そのような紹介はされていませんでした。この胴丸という種類の甲冑は、他の同時代の似たデザインを見てもわかるように、男性が着るものでも腰の部分が細くなっていて、胸の部分はふくらみを持っていることがわかります。つまり、形だけで女性用とは決められませんし、史料的な裏付けがあるわけではありません。はしがきにあるように、あくまで三島さんの「〜であろう」というイメージが基です。つまり出典は、想像と小説内の話ということになります。また、「現存する唯一の女性用の鎧」と紹介されることもありますが、女性用と伝わる甲冑は他にいくつか現存しているので、残念ながらそれも当てはまりません。

さらに、鶴姫の存在を記した唯一の史料である『大祝家記』ですが、現在〝行方不明〟になっているそうです。私も何とか現物を見たくて色々とリサーチしたのですが、門外不出《もんがいふしゅつ》の史料だったらしく、掲載されているのは一九八八年（昭和六十三）一月十日付毎日新聞の『日曜くらぶ』の連載記事のみのようです。歴史作家の楠戸《くすど》義昭《よしあき》さんが「城と女」というテーマで鶴姫さんを取り上げているのですが、その中に『大祝家記』の一部（八行）の写真が載っていました。となると今は『大祝家記』を知るには、楠戸義昭さんの連載内容か、小説内で引用されている部分を参考にするしかありません。

小説内に引用されている箇所は三ヶ所ほどしかなく「名は鶴（姫）」「父の大祝安用は鶴姫に兵術を習わせると、鶴姫は技芸や兵書を極めたため、日夜愛して、側を離れなかった」「鶴姫が入水した海は、今でも鈴の音が聞こえる」といった内容の記述があるだけです。

楠戸義昭さんは取材の時に『大祝家記』の現物を見せてもらったそうで、史料の中の「鶴姫の比類《ひるい》無き働き、鎧とともに今に伝はるなり」という一文や、大薙刀を振るって奮戦した件《くだり》、締めくくりの「鶴姫入水したまう所、鈴音いまに鳴り渡るという也」という一文の三ヶ所を記事にしていて、別伝として「鶴姫は死なず、今治の大祝屋形に帰館し、祈禱《きとう》にあけくれた」「鶴姫は今治の別宮、大祝貞元の子八郎安忠に嫁《とつ》ぎ、安忠は安舎《やすおく》（鶴姫のもう一人の兄）の養子となり、天文十五年（一五四六）大祝職を補任《ぶにん》した（継いだ）」という二つの鶴姫生存説を紹介しています。

深まる《鶴姫伝説》の謎《なぞ》！　何だか推理ドラマみたいになってきましたね（笑）。

ちなみに、小説内で鶴姫に討ち取られた大内家の小原中務丞ですが、『大内氏実録』などによると、討死したはずの一五四一年（天文十）以降も生きているので、史実とは異なるようです。

最後に、行方不明になっている『大祝家記』の歴史ですが、楠戸さんの取材記事によると、一七六一年（宝暦《ほうれき》十一）にご先祖様の大祝安躬《やすみ》が書いたもので、それを一八七七年（明治十）頃に三島さんの祖父（三島安継）が書き写したものなんだそうです。ちなみに、小説のはしがきでは大祝安躬ではなく「大祝安長」となっていますが、大祝安長は万治《まんじ》年間（一六五八～六一）前後の人物だったようなので、取材記事では辻褄《つじつま》が合うように宝暦年間の人物である大祝安躬に修正されたのかもしれません。

以上、鶴姫さんの謎を追っていきましたが、何も鶴姫さんの存在を否定しているわけではありません。もちろん史実的に存在は実証できませんが、小説の中で描かれて、地元のヒロインになった鶴姫さんは確実に存在しているわけです！　史実と伝承、両面を楽しむことができる、それが歴史の醍醐《だいご》味《み》だと思います。

武将の下の名前「長政」多すぎ問題　その1

○「長政」from 黒田・浅井・山田家

どの時代にも〝人気の名前〟がありますよね。明治安田生命が発表した名前ランキングでは、二〇二二年の第一位は男の子が「蒼」、女の子は「陽葵」となっています。そんな人気の名前は武将の世界にもあったようで、おそらくダントツの一位は「長政《ながまさ》」です！　その人数を数えてみると、なんと二十人以上もいるんです。

まず「長政」というと、本書で取り上げた、駿河《するが》（静岡県）出身でアユタヤ（タイ）に渡ってアユタヤ王朝に仕《つか》えた「山田長政」がいますね！　こちらは89Pからをご参照くださいませ。

さて、〝長政業界〟の中で有名な人物といえば「黒田《くろだ》長政」と「浅井《あざい》長政」でしょう！

黒田長政は播磨《はりま》の姫路《ひめじ》（兵庫県姫路市）出身で、父はあの黒田官兵衛《かんべえ》（孝高《よしたか》、如水《じょすい》）です。父と同じく織田《おだ》信長《のぶなが》や豊臣秀吉《とよとみひでよし》に仕え、秀吉の死後は徳川家康《とくがわいえやす》に従った黒田長政は、一六〇〇年（慶長《けいちょう》五）の「関ヶ原《せきがはら》の戦い」での活躍で与えられた筑前《ちくぜん》（福岡県）に福岡城を築城。「福岡」という地名も、先祖ゆかりの備前《びぜん》の福岡（岡山県瀬戸内市）から取って、黒田長政が命名したといいます。その後、黒田家は福岡藩の藩主を代々務めて明治維新を迎えています。

「浅井長政」は近江《おうみ》の小谷《おだに》城（滋賀県長浜市）の城主で、織田信長の妹（いわゆる「お市《いち》の方」）を妻に迎えています。当初は近江の六角《ろっかく》家に従っていて六角義賢《よしかた》から一字もらって浅井賢政《かたまさ》と名乗っていたものの独立を画策。「長政」と改名して信長と同盟を結びますが、一五七〇年（元亀《げんき》元）に信長から離反、「姉川《あねがわ》の戦い」で戦うも敗戦。反信長勢力とともに奮戦したものの一五七三年（天正《てんしょう》元）に織田軍に小谷城を攻められて城内で自害。お市の方との間に生まれた長女の茶々《ちゃちゃ》は秀吉に、次女の初《はつ》は近江の有力武将だった京極高次《きょうごくたかつぐ》に、三女の江《ごう》は徳川秀忠《ひでただ》（家康の子。二代将軍）にのちに嫁《とつ》いでいます。

〇「長政」from 浅野・池田家

日本史の教科書にも登場するメジャーな「長政」が「浅野《あさの》長政」です。先ほどの浅井長政と一文字違い！　こちらは尾張《おわり》（愛知県）出身の武将で、義理の姉妹に秀吉の正室の寧々《ねね》（高台《こうだい》院《いん》、北政所《きたのまんどころ》）がいることから豊臣政権の有力者となり、石田三成《いしだみつなり》らとともに「五奉行《ごぶぎょう》」の一人に名を連ねました。当初は浅野長吉《ながよし》と名乗っていたものの、秀吉の死後に「長政」に改名。末《まつ》裔《えい》は一六一九年（元和《げんな》五）から広島城（広島県広島市）の城主を明治維新まで代々務めています。ちなみに、一七〇一年（元禄《げんろく》十四）に江戸城で吉良上野介《きらこうずけのすけ》（義央《よしなか》）を斬《き》り付けて切腹を命じられた、『忠臣蔵《ちゅうしんぐら》』でおなじみの浅野内匠頭《たくみのかみ》（長矩《ながのり》）は浅野長政の玄孫《やしゃご》（孫の孫）です。

この浅野長政の親戚には、一五七五年（天正三）に尾張の犬山《いぬやま》（犬山市）で生まれた「池田《いけだ》長政《ながまさ》」がいます。池田長政の妹が浅野長政の息子（浅野幸長《よしなが》）に嫁いでいるという関係です。

この池田長政は織田家の重臣だった池田恒興《つねおき》の四男です。池田恒興は母が信長の乳母《うば》だったこともあり織田家内で台頭し、信長の死後は秀吉に従い、「小牧《こまき》・長久手《ながくて》の戦い」で討死《うちじに》した武将です。また、池田長政の次兄には、姫路城を今残るような姿に大改築した池田輝政《てるまさ》もいます。池田長政は輝政に従って「関ヶ原の戦い」で武功を挙げ、搔上《かきあげ》城（のちの赤穂《あこう》城。兵庫県赤穂市）を築城した後、下津井《しもつい》城（岡山県倉敷市）の城主になったといいます。池田家の重臣だった片桐《かたぎり》家を継いだことから「片桐長政」と呼ばれることもあり、池田長政から始まる片桐池田家は、江戸時代に岡山藩（岡山県岡山市）の藩主を務めた池田家の家老として明治維新まで続いていきます。この池田長政の甥《おい》にも、一五八九年（天正十七）生まれの「池田長政」（三兄・池田長吉《ながよし》の息子）がいるのでややこしい！　こちらの池田家は備前の建部《たけべ》（岡山市）を拠点にしたことから建部池田家と称され、こちらも家老として明治維新まで存続していきます。

第三章

スゴいのにいつもモブキャラ！
戦国の色んなユニット

北条五色備

「黄・赤・青・白・黒」からなる五つの部隊！ 北条家の元祖〝ゴレンジャー〟

北条綱成　北条綱高
富永左衛門尉　多目周防守
笠原能登守

どんマイナーパラメーター	
統率力	★★★★
武勇	★★★★
チームワーク	★★★★★
政治力	★★★★
カラー数	★★★★★

○「黄色」がリーダーだった北条五色備

子どもたちのヒーローといえば〝五人組の戦隊ヒーロー〟です。世代によって観《み》てきたシリーズが異なるとは思いますが、誰にもきっと思い出に残る「〇〇ジャー」や「〇〇マン」がいるのではないでしょうか。その人気シリーズの原型のような五人組ユニットが戦国時代に存在したかもしれないんです。その名も「五色備《ごしきぞなえ》」！　小田原《おだわら》城（神奈川県小田原市）を拠点に関東一円に勢力を伸ばした北条《ほうじょう》家の有力家臣たちです。なんともワクワクするこのグループ。『小田原旧記』（北条家臣団の名簿の史料）には、次のようにメンバーが紹介されています。

五家老衆　五色備
黄備《きぞなえ》　一　当時　武州　河越《かわごえ》御城代　駿河《するが》衆　本名　九嶋左衛門《くしまさえもん》　北條上総介綱成《かずさのすけつなしげ》
赤備《あかぞなえ》　一　当時　相州　甘縄《あまなわ》御城代　伊豆《いず》衆　本名　高橋将監《しょうげん》　北條常陸介綱高《ひたちのすけつなたか》
右之両家者　春松院《しゅんしょういん》殿　御猶子《ゆうし》として御家号を賜《たまわ》り御家門に列す

青備《あおぞなえ》　一　当時　古河殿《こが》御附　武州栗橋《くりはし》之御城代　富永左衛門尉《とみながさえもんのじょう》
白備《しろぞなえ》　一　当時　豆州　下田之御城代　笠原能登守《かさはらのとのかみ》
黒備《くろぞなえ》　一　当時　上州　平井御預り　多目周防守《ためすおうのかみ》
早雲寺殿《そううんじ》　七手御家老衆之家にて　御家門に准《じゅん》ぜられる
※春松院殿＝北条氏綱《うじつな》、早雲寺殿＝伊勢宗瑞《いせそうずい》（北条早雲）

しっかりと「黄・赤・青・白・黒」の五色に分かれていますね！

戦国好きの中では〝北条五色備〟は比較的有名ではありますが、元の史料の文言はあまり見かけなかったので載せてみました。出典の『小田原旧記』は信憑性《しんぴょうせい》にあやしいところはあるのですが、この名簿は一五五一年（天文二十《てんぶん》）に作成されたものだそうです。北条家は平井城（群馬県藤岡市）にいた上杉憲政《うえすぎのりまさ》に勝利して関東八ヶ国を手に入れた頃で、加増《かぞう》や領地替えによって家臣団を再配備するタイミングでした。

ちなみに「備《そなえ》」というのは「軍団、部隊」のことで、中でも山県昌景《やまがたまさかげ》や井伊直政《いいなおまさ》、真田幸村《さなだゆきむら》などが率いたとされる、赤い甲冑《かっちゅう》で部隊を統一した「赤備え」が有名ですね。この赤備えのレッドが、戦隊モノのリーダーという印象がありますが、北条五色備の筆頭は黄色のようです。

○ポジティブ思考の黄備・北条綱成

リーダーの黄レンジャーは、駿河（静岡県）の兵を率いていたという北条綱成！

本名に「九嶋」とあるように、元は北条一族ではありませんでした。これまでは今川家の家臣だった福島《くしま》正成《まさしげ》の息子だったといわれてきたんですが、福島正成の実在が一次史料で確認されていないので、ルーツに関してはハッキリわかっていません。ただ、北条家の当主である北条氏綱（北条五代の二代目。伊勢宗瑞の子）にとても気に入られたそうで、氏綱の娘婿《むこ》・猶子《ゆうし》（養子）となって「北条」の一門として認められ、「綱」という一字をもらったそうです。ゲームなどでは〝強キャラ〟として定番の武将で、朽葉《くちば》色《いろ》（赤みを帯びた黄色）の生地に黒い文字でデカデカと「八幡《はちまん》」と書いた旗を部隊で用いていたことで知られています。この旗は「地黄《じき》八幡」と呼ばれていて、一六〇〇年代半ばにまとめられた『武者物語』によると、読み方が「直《じき》八幡」に通じることから「我は武神である八幡様、そのものである！」という意味が込められていたんだそうです。この現物がなんと現存しています。一五七一年（元亀《げんき》二）に綱成さんが守る深沢城（静岡県御殿場《ごてんば》市）を攻め落とした武田《たけだ》信玄《しんげん》が、地黄八幡の旗を奪い取って家臣の真田信尹《のぶただ》（真田昌幸《まさゆき》の弟。幸村の叔父）に与えたとされ、それが真田宝物館（長野県長野市）に伝えられています。

担当のお城は河越城（埼玉県川越市）。一五四六年（天文十五）に起きた「河越城の戦い」（「河越夜戦」）では河越城に籠城《ろうじょう》し、援軍の北条氏康《うじやす》（北条五代の三代目。氏綱の子）とともに、油断していた古河公方《こがくぼう》の足利《あしかが》家や関東管領《かんとうかんれい》の上杉家の連合軍に奇襲を掛けて打ち破ったといわれています。江戸時代末期から明治時代初期にかけてまとめられた『名将言行録』には、「一五三〇年（享禄《きょうろく》三）から亡くなる一五八七年（天正《てんしょう》十五）までの五十八年間、氏綱・氏康・氏政《うじまさ》の三代に仕えて、大きな戦に三十六回挑み、戦う度《たび》に〝勝った勝った〟と叫びながら敵陣に突撃を仕掛けて、負けることはなかったという」と記されています。史実とは言い切れないのですが、私はこの合戦中の〃勝った勝った〃という前向きな言葉が好きで、いつも草野球の試合中に使っています（笑）。ポジティブな上に強くてめちゃくちゃ頼りになる綱成さん、きっと黄色い歓声を浴びていたことでしょう！

○諸説入り乱れる赤備・北条綱高の出自

続いて名前があるのが、伊豆（静岡県）の兵を率いていたという、赤レンジャーの北条綱高！

こちらも『小田原旧記』にあるように、元は北条一族ではなく「高橋」さんだったのですが、北条綱成と同じくご当主の北条氏綱に気に入られて猶子になり、「北条」と「綱」の名をもらったといいます。ただし、こちらもまたルーツが定かではなく、末裔《まつえい》の家に伝わる『高橋家系図記録』によると、実家は、筑前《ちくぜん》（福岡県）にルーツを持つ「高橋」（大蔵）と名乗る一族だったといいます。ところが、綱高さんの父（高橋高種《たかたね》）が継母にいじめられて、あることないことを讒言《ざんげん》（告げ口）されて父の不興を買ってしまったため出奔《しゅっぽん》。京都に行って室町幕府の九代将軍の足利義尚《よしひさ》に仕えると、命令を受けて伊豆に下向《げこう》して雲見《くもみ》城（雲見上《うえ》ノ山《やま》城とも。静岡県松崎町）の城主になり、伊豆に進出してきた伊勢宗瑞の家臣になったみたいです。そんな苦労人の息子が綱高さん、というわけです。父・高橋高種はなかなか子どもが生まれなかったので三島明神《みょうじん》（三島大社）に祈願したところ、綱高さんが誕生したことから、幼名は「三島丸」だったそうです。

『高橋家系図記録』によると、伊勢宗瑞に気に入られて韮山《にらやま》城（静岡県伊豆の国市）で養育され、一五一九年（永正《えいしょう》十六）に元服《げんぷく》。はじめは「高橋種政」と名乗り、軍師の多目氏（黒備の多目家。後述）に従軍して戦いを学び、一五二四年（大永《だいえい》四）の江戸城攻めで先陣を切って活躍、北条氏綱の猶子になって「北条」と「綱」を与えられ「北条綱種」と改めたといいます。一五三七年（天文六）には深大寺《じんだいじ》城（東京都調布市）を攻め落とすなどの武功を挙げて、玉縄《たまなわ》城や江戸城の城代になったといいます。ただ、『小田原旧記』よりも信頼されている『小田原衆所領役帳』という一五五九年（永禄《えいろく》二）の北条家臣団の名簿には、玉縄城に入って玉縄衆を率いたのは先ほどの北条綱成と記されているんですよね。いえいえ、真っ赤なウソというわけではなく、諸説ありってことですね。『高橋家系図記録』では一五八二年（天正十）に死去、『大蔵高橋家系図』では一五八五年（天正十三）に死去したと伝えられています。

○何人もいる〝富永〟、誰が青備・富永左衛門尉か？

三人目は、青レンジャーの富永左衛門尉です！

この富永さんもよくわからない人物で、実在が確認できる史料には登場してきません。『寛永諸家系図伝』や『寛政重修諸家譜《かんせいちょうしゅうしょかふ》』の富永家の項目には「富永直勝《なおかつ》（実勝、政家、神四郎《じんしろう》、四郎左衛門）」という人物が出てくるので「富永左衛門尉＝富永直勝」とも考えられていますが、『小田原衆所領役帳』では富永直勝というお方は確認できないんです。『小田原衆所領役帳』のほうには「富永弥四郎《やしろう》」という人物の名前があるので「富永直勝＝富永弥四郎」かもしれないんですが、確定はできません。また、別所《べっそ》神社（静岡県伊豆町）に残る棟札《むなふだ》には「富永弥四郎康景《やすかげ》」という名が記されているそうなので、実在した富永弥四郎という武将は「康景」（北条氏康から一字もらった？）という実名だったようです。ただ「富永弥四郎康景＝富永直勝」かどうかというのも確定ではなく、「富永弥四郎康景＝富永左衛門尉」なのかどうかも不明ということになります。いや、ワケわかんなくなってきましたね（笑）。『小田原衆所領役帳』や神社の棟札に名が残る実在の「富永弥四郎（康景）」は、本拠地の土肥《とい》（静岡県伊豆市）以外にも、大槻《おおつき》（神奈川県秦野《はだの》市）や牛込《うしごめ》（東京都新宿区）、飯田（神奈川県小田原市）など、北条家内で屈指の領地を持っていたようです。駿河湾を臨む高谷《たかや》城や丸山城（いずれも伊豆市）を拠点にして水軍衆《すいぐんしゅう》（海賊衆）を率いていたらしいので「ブルー×海×水軍」とイメージが繋《つな》がりやすいですね。

富永さんの担当は栗橋城（茨城県五霞町《ごかまち》）。権現堂川《ごんげんどうがわ》沿いに築かれた平地の城で、古河公方・足利家の重臣だった野田家の居城だったものの、北条家が勢力を伸ばしていって北条氏照《うじてる》（氏康の子）が北関東支配の拠点の一つとして支配したといわれています。富永家が栗橋城を実際に支配したかどうかは不明ですが、『寛永諸家系図伝』や『寛政重修諸家譜』によると、富永直勝は江戸城や葛西《かさい》城（東京都葛飾区）を任せられ、一五六四年（永禄七）の里見《さとみ》家との「国府台《こうのだい》合戦」（千葉県市川市）で討死《うちじに》したといいます。また、この戦いで遠山綱景《とおやまつなかげ》という人物も討死しているのですが、富永さんは遠山綱景とともに江戸城を任されていたそうです。ところが二人が討死して後継者も若いということで、かつて城代を務めたレッドの北条綱高が再び江戸城の城代になったと『高橋家系図記録』に記されています。ちなみに「藤田《ふじた》信吉《のぶよし》」（14P参照）で登場した猪俣邦《いのまたくに》憲《のり》（「小田原征伐《せいばつ》」のきっかけを作った北条家臣）は元は富永家の出身で、はじめは富永助盛《すけもり》と名乗っていたりします。

○北条家中で重きをなす？　白備・笠原能登守

続いて四人目は、白レンジャーの笠原能登守です！

笠原家も、富永家と同じ伊豆の出身で、伊勢宗瑞が伊豆に進出した際に味方に付いてからの北条家の譜代《ふだい》家臣の家柄でした。『寛永諸家系図伝』などによれば、笠原能登守の実名は「康勝《やすかつ》」（こちらも北条氏康から一字もらった？）。北条氏綱に仕え、父の笠原信為《のぶため》（越前守《えちぜんのかみ》）が城代を務めていた小机《こづくえ》城（神奈川県横浜市）を受け継いだものの、生没年は不明で詳しい経歴もよくわかりません。ただ、笠原家自体は北条家内でかなり重きを成していたようで『小田原衆所領役帳』には、息子の笠原照重《てるしげ》（平左衛門）や笠原一族の笠原綱信《つなのぶ》（美作守《みまさかのかみ》）、康明《やすあき》（藤左衛門）、弥十郎《やじゅうろう》、佐《さ》渡《ど》の名が見られます。息子・笠原照重も小机城の城代となって小机衆を率いていたようですが、一五八一年（天正九）に戸倉（静岡県清水町）で討死しています。この時、笠原照重を討ったのが実は同族の笠原一族で、名を笠原政晴《まさはる》（新六郎）といいます。この人物は笠原綱信（美作守）のほうの笠原家を継いだお方で、北条家の重臣の松田家（父・松田憲秀《のりひで》）から養子に入っていました。武田家に対する最前線拠点である戸倉城を任されたものの武田家に内通してしまい、笠原さんの息子を討ち取ったといいます。その後、許されて北条家に復帰しましたが、一五九〇年（天正十八）の「小田原征伐」の時に、今度は豊臣家に父と一緒に内通しようとしたところを実の弟（松田直秀《なおひで》）に密告されて、小田原城内で成敗《せいばい》されたといわれています。

さて、笠原さんは下田城（静岡県下田市）が担当だったとされています。下田港の西側の岬《みさき》に位置していて、城跡の一部は下田海中水族館になっている海城《うみじろ》です。「白備↓白だ↓下田」で覚えやすいですね。ところが、実際には下田城を任されていたのは、笠原家と同じく下田の有力家臣だった清《し》水《みず》康《やす》英《ひで》（太郎左衛門。白備のメンバーにカウントするのは誤り）だったと考えられるので、こちらの五色備の設定もあやしくて、白というよりも黒かもしれません（笑）。

○やられ役の〝黒〟歴史？　黒備・多目周防守

最後の五人目は、黒レンジャーの多目周防守です！

多目（多米）家は北条五代に仕えた譜代《ふだい》の家臣ですが、『多米家譜』などによると、ルーツは三《み》河《かわ》の多米（愛知県豊橋市）だそうです。多目さんの祖父・鷲尾《わしお》時助《ときすけ》というお方が多米に移住して、その息子が「多目」（以降、多目で統一）を名字として多目元益《もとます》（多目周防守の祖父）と名乗ったといいます。この多目元益が武者修行中に出会ったのが、あの〝北条早雲〟の名で知られる伊勢新九《しんく》郎《ろう》（宗瑞）。二人は意気投合し、祖父・多目元益は伊勢新九郎とともに関東に下《げ》向《こう》。『小田原旧記』に「早雲寺殿　七手御家老衆之家にて　御家門に准ぜられる」とあるように、北条家内で譜代家臣のベスト7となって北条一門と同等の扱いだったといわれています。

多目家のように伊勢宗瑞の関東下向に同行した古い家柄は「御《ご》由緒《ゆいしょ》家」とも呼ばれ、史料によって細かい部分がやや違います。『小田原旧記』は七家（多目以外は松田、荒木、山中、荒川、在《あり》竹《たけ》、大道寺《だいどうじ》）でしたが、『北条記』では松田家を除く六家になっています。また『北条五代記』

では「荒木兵庫頭《ひょうごのかみ》、多目権兵衛《ごんべえ》、山中才四郎、荒川又次郎、大道寺太郎、在竹兵衛尉《ひょうえのじょう》」という下の名前込みの六人になっていて、この中の「多目権兵衛」というのが、祖父・多目元益だと考えられています。その息子の多目元興《もとおき》（多目周防守の父）は一五一五年（永正十二《えいしょう》）に多米に本顕寺《ほんけんじ》を建立《こんりゅう》しているのですが、それを一五三六年（天文五）に領地に移して豊顕寺《ぶげんじ》（神奈川県横浜市）と名を改めています。『豊橋市史』によると、豊顕寺には〝多米周防守〟が寄進《きしん》した甲冑が伝わっているそうで、近くには、多目家が城主を務めた青木城（現在の本覚寺あたり）があります。

しかし、武将たちの名前は代々同じ名を使ったりするのでややこしいですね。『多目家譜』では〝周防守〟という名は祖父も父も使っていたとされているのですが、五色備の〝多米周防守〟は多目元益の孫で、多目元興の子にあたります。実名は「元忠」や「長宗」、通称は「新左衛門」などと伝わっています。『小田原衆所領役帳』にも「多米新左衛門」の名がしっかりと登場、相模《さがみ》の正福寺分（神奈川県小田原市？）や青木、石橋（埼玉県東松山市）を領地としていたようです。

『関八州古戦録』では一五四六年（天文十五）の「河越城の戦い」の際に、総大将の北条氏康が自ら長刀《なぎなた》を振るって敵陣深くまで攻め込んでいるのを見た多目さんは、すぐさま揚貝《あげがい》（撤退《てったい》の合図の法螺貝《ほらがい》）を吹かせたとあります。多目さんは何かあった場合にすぐ対処するための遊軍だったのですが、敵の反撃に遭《あ》ってピンチに陥るかもしれないと機転をきかせ、自分の軍勢を使って北条氏康を取り囲んで撤退。そして、主君の北条氏康に対して、「勝って兜《かぶと》の緒《お》を締めるは戦《いくさ》のしまりなり」（勝って兜の緒を締めることが戦の決まり事です）と諫《いさ》めたんだそうです。

その後、武田家とは上野《こうずけ》（群馬県）の地を巡って争っていたようで、『加沢記』には北条家が攻め落とした手子丸城《てこまる》（群馬県東吾妻町《ひがしあがつままち》）を、初陣《ういじん》の真田信幸《のぶゆき》（幸村の兄）が少数の兵で奪い返した話が載っているのですが、この時、北条軍を率いていたのが多目周防守と富永主膳《しゅぜん》（〃青レンジャー〃の一族）だったといいます。『加沢記』は江戸時代に真田家の家臣が書いた真田家贔屓《びいき》のものなので、多目さんは〃やられ役〃、黒歴史のように書かれていますが、史実としては、手子丸城はまた北条家が奪還したのか、「小田原征伐」まで支城として使われたみたいです。

軍記物に残るように、多目さんは上野方面を担当していたようで一五九〇年（天正十八）の「小田原征伐」では大谷帯刀左衛門《たてわきざえもん》という人物とともに西牧城《さいもく》（群馬県下仁田町《しもにたまち》）の城将として豊臣軍と戦ったといいます。『寛政重修諸家譜』によると、敵将は徳川家の依田康国《よだやすくに》・康勝《やすかつ》の兄弟（36P「依田信蕃《のぶしげ》」の息子たち）。激しい攻撃を前にあっという間に外郭が落とされたものの、鉄砲で厳しく応戦し、持ちこたえます。すると、攻めあぐねた依田兄弟は「徳川家に降《くだ》れば、本領安《ほんりょうあん》堵《ど》する」という好条件の和睦《わぼく》を持ちかけてきました。多目さんと大谷帯刀左衛門が条件を呑《の》んで開城したところ、それは依田兄弟の謀略《ぼうりゃく》で、多目さんと大谷帯刀左衛門を惨殺《ざんさつ》してしまったといいます。また、「小田原征伐」では多目さんの息子たちも悲劇的な最期《さいご》を迎えています。『多米家譜』によると、「西牧城の戦い」では多目さんの次男の外記《げき》（家元《いえもと》）は父より先に討死。また、多目さんの長男の多目出羽守《でわのかみ》（長定、忠之）は山中城（静岡県三島市）に籠城《ろうじょう》して三の丸を守ったものの討死し、三男の多目左近《さこん》は青木城にて討死（自害の可能性も）したと伝えられています。

これにて〃北条五色備〃のカラー紹介はおしまいです！　知らないことが色々あるからふるいことを学ぶのは楽しいですね！

賤ヶ岳の七本槍になり損ねた二人

実は九人だった〝賤ヶ岳の七本槍〟！
その残りの二人の素顔とは？

石河兵助
桜井佐吉

どんマイナー
パラメーター

統率力	★★★
武勇	★★★★★
チームワーク	★★★★
政治力	★★
選考漏れ人数	★★

○江戸時代から諸説ある〝七本槍〟のメンバー

戦国時代には〝徳川《とくがわ》四《し》天王《てんのう》〟や〝武田《たけだ》二十四将〟など、様々なユニットが存在します。後世にまとめられたものがほとんどですが、その中でも有名なのが〝賤《しず》ヶ岳《たけ》の七本槍《しちほんやり》〟です！

「本能寺《ほんのうじ》の変」の翌年の一五八三年（天正《てんしょう》十一）、羽柴秀吉《はしばひでよし》が柴田勝家《しばたかついえ》に勝利を収めた「賤ヶ岳の戦い」で、特に活躍した秀吉の近習《きんじゅう》(側近)の七人の総称です。メンバーは次の通りです。

「加藤清正《かとうきよまさ》（虎之助《とらのすけ》）」「福島正則《ふくしままさのり》（市松《いちまつ》）」「加藤嘉明《かとうよしあき》（孫六《まごろく》）」「脇坂安治《わきざかやすはる》（甚内《じんない》）」「平野長泰《ひらのながやす》（権平《ごんべい》）」「片桐且元《かたぎりかつもと》（助作《すけさく》）」「糟屋武則《かすやたけのり》（助右衛門《すけえもん》）」

特に加藤清正や福島正則はドラマやゲームなどでもおなじみですが、他のメンバーもこの戦いの活躍をキッカケに大名へと出世していきました（平野長泰だけ一万石《ごく》以上の大名にはなっていないけども）。この七人は、秀吉が「家臣の優秀さをＰＲするため」に選抜して喧伝《けんでん》したと思われがちですが、実は秀吉が七人を選抜して〝七本槍〟と異名を付けた記録はないんです。

〝七本槍〟という総称が登場するのは、秀吉が世を去って二十七年後の一六二五年（寛永《かんえい》二）に出された『太閤記《たいこうき》』（『甫庵《ほあん》太閤記』とも）です。この軍記物語は小瀬《おぜ》甫庵という前田《まえだ》家の家臣が書いた秀吉の伝記で、江戸時代に大ヒットしました。その中に「右の七人を〝七本鎗《やり》〟と号す」と記されていて、先ほどのメンバーの名前が掲載されています。

では、秀吉時代にはどのように把握されていたかというと、選抜メンバーはなんと七人ではなく九人で、いわば〝九本槍〟だったんです！

初めて選抜メンバーが登場するのは『柴田退治記』（『柴田合戦記』とも）という伝記で、これは秀吉に仕えた右筆《ゆうひつ》（ライター）の大村由己《ゆうこ》が秀吉の命令でまとめたものです。完成したのは「賤ヶ岳の戦い」が起きた年といわれていますので、秀吉が自分の活躍をPRするために話を盛ってはいるのですが、当時の雰囲気がわかる貴重な史料になっています。史料では、おなじみの七人の他に「桜井佐吉《さきち》（家一《いえかず》）」と「石河兵助《いしかわひょうすけ》（一光《かずみつ》）」というメンバーも活躍を評価されていて、「〝右の九人〟は、特別に席を設けられて秀吉から盃《さかずき》を受けて、領地と黄金の羅《ら》帛《はく》（薄い絹織物）と感状（戦功を讃《たた》えた賞状）を与えられた」と記されています。なぜ『太閤記』で二人がカットされたのかは不明ですが、桜井佐吉は秀吉ではなく羽柴秀長《ひでなが》（秀吉の弟）の近習《きんじゅう》であり、石河兵助（表記は「石川」とも）は一番に突撃したものの、兜《かぶと》の内側を突かれて討死《うちじに》してしまったためかもしれません。

ちなみに、石河兵助が討死した原因としてエピソードが二つ伝わっています。

武将たちの逸話を集めた江戸時代中期の『常山紀談《じょうざんきだん》』には、「賤ヶ岳の戦いの前夜に福島正則と喧嘩《けんか》をして〝明日はわが後影（後ろ姿）を見ておけ〟と言い捨てて、翌日、ただ一人で真っ先に進んで討死した」と記されています。また、江戸時代前期の『武家事紀』には、「ひそかに加藤嘉明に男色《だんしょく》の思い入れ（好意）があり、己《おのれ》の兜を脱いで嘉明に着させようとすると嘉明は怒り〝人の兜を着て働くことなどありえない〟と言って兜を捨ててしまった。そのため、石河は兜を付けずに一番に進出して槍を合わせた。すると敵が突いた槍が左の目の上に当たり、その場で討死した」と、恋愛のもつれがあったように記されています。石河兵助が討死してしまったのをよいことに、あることないこと書かれている感がありますね（笑）。ただし、石河兵助が討死したのは確かなことらしく、『柴田退治記』には「舎弟《しゃてい》の長松（一宗）を召し出して、家督《かとく》を継がせた」と書かれています。そういえば『武家事紀』には「賤嶽《しずがたけ》七本鎗に福島正則を加えるのは非《ひ》なり（正しくない）。正則は一番頭一番鎗ゆえに五千石の領知なり。石川を加えて七員とすることが本説（真実）なり」とも書かれています。実は「賤ヶ岳の戦い」の褒賞《ほうしょう》は福島正則だけ五千石で残りのメンバーは三千石だったので、福島正則は特別枠でメンバーではなく、石河兵助が正規のメンバーだと主張しているんです。江戸時代にも諸説あったことがわかって非常に興味深いですね。

○〝十四本槍〟を記した『一柳家記』

この他にも〝賤ヶ岳の七本槍〟の異説を伝えるものに『一柳《ひとつやなぎ》家記』という一六四一年（寛永十八）に完成した一柳家の歴史書があります。秀吉の家臣だった一柳直末《なおすえ》（黒田《くろだ》官兵衛《かんべえ》の義弟）

と弟の一柳直盛《なおもり》の活躍をメインに記したもので、弟・直盛が「賤ヶ岳の戦い」で活躍しています。

こちらの史料には「先懸衆《さきがけしゅう》」として、「加藤虎之助（清正）」「片桐助作（且元）」「平野権平（長泰）」「福島市松（正則）」の他に「大谷桂松（吉継《よしつぐ》）」「石田左吉（三成《みつなり》）」「奥村半平」「福島与吉郎（正則の弟）」「大島茂兵衛（光政）」「一柳次郎兵衛」「一柳四郎右衛門（直盛）」「稲葉清六」の八人もの名前（石田三成でなく、桜井佐吉という説も併記されている）があって「以上十四人」（名前が記載されているのは十二人）と書かれているんです。

「じゃあ、二倍の〝十四本槍〟じゃん！」となりそうですが、ややこしいことに〝七本槍〟の話も載っていて、少し後の箇所に「〝江北之七本鑓《こうほく》〟とはこの時の事を言う」（江北＝近江《おうみ》〈滋賀県〉北部）とも記されているんです。ところが、具体的に誰が〝江北之七本鑓〟なのかは解説されていません。気になる！

それに加えて、江戸時代中期の『志士清談《ししせいだん》』には〝志津嵩ノ三太刀《しづがたけ》〟と称されるユニットも紹介されています。メンバーは「伊木半七郎《いきはんしちろう》」「石河兵助」「桜井庄吉」の三人。「伊木半七郎」は秀吉の近習だった伊木半七（遠雄《とおお》）、「桜井庄吉」は桜井佐吉のことのようです。

また、〝七本槍〟シリーズは他にもあって、〝小豆坂《あずきざか》の七本槍〟というものもあります。これは一五四二年（天文《てんぶん》十一）の小豆坂（愛知県岡崎市）での今川義元《いまがわよしもと》との戦いで活躍した織田信秀《おだのぶひで》（信長《のぶなが》の父）の七人の家臣を指します。元ネタの『信長記』の著者は『太閤記』と同じ小瀬甫庵。小瀬甫庵、七人ユニットがお好みだったのかもしれません。それ以降、〝蟹江《かにえ》七本槍〟や〝姉川《あねがわ》七本槍〟、〝上田七本槍〟など様々な〝七本槍〟が誕生していっています。

三好三人衆

三好長逸
三好宗渭
石成友通

戦国最強のモブキャラ？
信長の前に〝天下人〟となったトリオ

どんマイナーパラメーター

統率力	★★★
武勇	★★★
チームワーク	★★★★★
政治力	★★★★★
モブ化され率	★★★★★

○〝将軍殺し〟で一躍歴史の主人公に！

〝天下人《てんかびと》〟ってカッコいい言葉ですよね。この「天下」という言葉の定義は曖昧《あいまい》で「京都を中心とした畿内《きない》」や「日本全土」など解釈がいくつかありますが、なんにしろ〝天下人〟というのは〈中央政権の実権を握った者〉を指します。そんな天下人となった、いや〝天下ユニット〟となった三人組がいました。それが、ドラマなどでいつもモブキャラになりがちな三好《みよし》三人衆です！

メンバーは、三好長逸《ながやす》、三好宗渭《そうい》、石成友通《いわなりともみち》の三人。いきなり一人だけ「三好」じゃないのですが、構成は三好一族の二人（長逸・宗渭）プラス三好家の重臣（石成友通）となっています。

三好家は阿波《あわ》の三好（徳島県三好市・東みよし町）を拠点とした一族で、阿波の守護《しゅご》を務めた細川《ほそかわ》家（室町幕府の有力大名）の家臣として頭角を現します。畿内で細川家が関与する合戦が起きた時に大活躍したことから、三好家は畿内でも強い影響力を持ち始めました。その実力は主家の細川家だけでなく将軍の足利《あしかが》家すらも凌《しの》ぎ、一五五〇年代には三好家の当主である三好長慶《ながよし》が〝天下人〟となります。最近では〝戦国最初の天下人〟と称されて知名度もグンと上がってきています。

この長慶の側近だったのが、のちに三好三人衆と対立することになる松永久秀《まつながひさひで》で、ドラマやゲームなどにもよく登場します。松永久秀はルーツが不明ながら三好家で出世し、畿内で権勢を振るいました。その後、信長の家臣となるも、謀反《むほん》を二度起こして、二度目の時に居城の信貴山《しぎさん》城（奈良県平群《へぐり》町）で自害（爆死は俗説）した、キャラの濃い人物です。

さて、主役の三好三人衆は、いつ〝天下ユニット〟になったのか。それは、主君の三好長慶が亡くなった翌一五六五年（永禄《えいろく》八）以降のこと。三好家と将軍の足利義輝《よしてる》の関係性が悪化したため、三好三人衆らは自分たちに都合の良い足利義栄《よしひで》（阿波で生まれ育った足利将軍一族。足利義輝の従兄弟《いとこ》）を将軍にしようと画策、足利義輝を襲撃して討《う》ち取ります。いわゆる「永禄の変」です。この事件以降、三人のサインが並んで入った裁許状《さいきょじょう》（裁判の判決の書状）が出され、宣教師のルイス・フロイスが一五六八年（永禄十一）に「天下、即《すなわ》ち日本の王政の実権を執《と》れる者は、三人の異教の貴族なり」と、『日本史』に記しているように、いわば〝天下人ユニット〟となったのです。ちなみに、当時の公家の日記（『言継卿記《ときつぐきょうき》』）に「三好三人衆」という名で記されているので、当時から呼ばれていたユニット名でした。

○〝長老〟〝ワケあり〟〝素性不詳〟の三人組

それではメンバーをそれぞれ紹介していきましょう！

まず一人目は、筆頭的な立場だった三好長逸です。下の名前の読み方は、『言継卿記』に「逸」の字に「やす」と振り仮名があるので「ながやす」だと考えられます。官職が「日向守《ひゅうがのかみ》」だったので「三好日向守」という名で史料に登場してきます。『細川両家記』などによると三好長慶の従兄弟伯父《いとこおじ》（父の従兄弟）だったそうです。フロイスは一五六六年（永禄九）の段階で長逸のことを「五十五歳くらい」と『日本史』に記しています。長逸さんは〝三好家の長老〟的な存在として、十二歳ほど年下の三好長慶を支え続け、三好政権の参謀《さんぼう》を務めました。

続いて二人目は三好宗渭です。こちらも変わった名前ですが、「宗渭」は出家した後の名で、実名は最初に「政勝《まさかつ》」、続いて「政生」（読み方は不明、まさなり？）と名乗っていたことが書状から確認できます。古い書籍だと「三好政康」と紹介されているものもありますが、そちらの名は『細川両家記』の誤記から広まってしまったものなので誤りです。当時の史料には、官職名が「下野守《しもつけのかみ》」で出家の身だったことから「下野入道《しもつけにゅうどう》」という名や、「釣閑斎《ちょうかんさい》」という号（ニックネーム）でも登場します。そんな宗渭さんのルーツはワケありで、父の三好宗三《そうさん》（実名は政長《まさなが》）は本家の三好長慶と争って討死《うちじに》しています。その後、宗渭さんも三好長慶と争ったものの、一五五八年（永禄元）に臣従。それからすぐ、重臣に名を連ねています。

そういえば、宗渭さんの父・三好宗三が所有していた刀は、のちに武田《たけだ》信虎《のぶとら》（信玄《しんげん》の父）に贈られた後に今川義元《いまがわよしもと》の手に渡り、「桶狭間《おけはざま》の戦い」で織田《おだ》信長《のぶなが》が奪ったと伝えられています。この刀というのが、人気ゲームの『刀剣乱舞《とうけんらんぶ》』にも登場してくる名刀「宗三左《さ》文字《もんじ》」（別名「義元左文字」）です。また、弟の三好為《い》三《さん》（実名は不明、号は一任斎《いっとうさい》）は信長に降伏して織田家臣となり、『寛政重修諸家譜《かんせいちょうしゅうしょかふ》』によると、その後は豊臣秀吉《とよとみひでよし》、徳川《とくがわ》三代（家康《いえやす》→秀忠《ひでただ》→家光《いえみつ》）に仕《つか》えたといいます。大正時代に小説のヒットから大人気となった「真田十勇士《さなだじゅうゆうし》」（真田幸村の十人の家臣）に三好清海入道と三好伊佐《いさ》入道の三好兄弟がいますが、兄弟であり名前が似ているため、宗渭・為三兄弟がモデルともいわれています。

ラスト三人目が石成友通です。多くの書籍で名字は「岩成」と紹介されていますが、当時の書状では「石成」と記されているものがほとんどなので、本書ではそちらで統一します。理由は不明ですが、一五七〇年（元亀《げんき》元）からは「石成長信」と改名しています。

阿波時代からの三好家の家臣ではなく、畿内で新たに雇《やと》われた転職組だったと考えられています。ルーツは備後《びんご》の石成《いわなり》（広島県福山市）とも大和《やまと》の石成《いしなり》（奈良県天理《てんり》市？）ともされますが、ハッキリしたことは不明で、天文《てんぶん》年間末期（一五五〇年代）頃に三好長慶の側近としての活動がいきなり見られます。当時の史料には、官職名を入れた「石成主税助《ちからのすけ》」という名で登場してきて、フロイスの『日本史』には「永禄の変」の時に〝イワナリ〟が鉄砲隊を率いていたと記されています。

○三好三人衆の〝三日天下〟

こうして〝天下人〟となった〈長老〉〈ワケあり〉〈素性《すじょう》不詳〉という個性的な三人ですが、その栄華は一瞬のものでした。「永禄の変」後は松永久秀との対立が始まり、一五六七年（永禄十）には松永久秀が、三好三人衆の陣を張った東大寺《とうだいじ》を攻撃したことで、大仏殿《だいぶつでん》などが焼失、大仏も顔が溶けるなど大きな被害を出してしまっています。ちなみに、この火災については松永久秀のせいにされがちですが、原因は定かではありません。

その後、三好三人衆がバックアップした足利義栄ではなく、足利義昭《よしあき》（義輝の弟）を新たな将軍に推す勢力が勢いを持ち始め、一五六八年（永禄十一）九月に信長が足利義昭を連れて上洛《じょうらく》戦を決行します。三好三人衆は観音寺《かんのんじ》城（滋賀県近江八幡《おうみはちまん》市）の六角義賢《ろっかくよしかた》らと手を組みますが、織田軍の勢いを前に六角義賢は城を放棄《ほうき》。上洛した織田軍に対して三好三人衆は抵抗しますが、友通さんは勝龍寺《しょうりゅうじ》城（京都府長岡京市）、宗渭さんは木津《きづ》城（京都府木津川市）、長逸さんは芥川山《あくたがわやま》城（大阪府高槻《たかつき》市）など主要な拠点を次々と落とされて、あっという間に駆逐されてしまいました。

それでもリベンジを果たそうと翌一五六九年（永禄十二）一月に、信長が岐阜城に戻っているタイミングを狙《ねら》って、京都の本圀寺《ほんこくじ》にいた足利義昭の襲撃を決行。いわゆる「本圀寺の変」です。作戦は成功するかに見えましたが、明智《あけち》光秀《みつひで》らが懸命に防戦。駆けつけた細川藤孝《ふじたか》（幽斎《ゆうさい》）らの援軍に三好三人衆の軍勢は撃退され、京都の桂川での戦いでも大敗を喫《きっ》して阿波へ逃れました。

しかし、しぶとい三好三人衆の勢力は一五七〇年（元亀元）に大軍を率いて摂津《せっつ》（大阪府）へ上陸、対信長のために野田城と福島城（どちらも大阪市福島区）を築城すると、信長への不満をあらわにしていた大坂本願寺《ほんがんじ》（石山本願寺）が、三好三人衆方と同盟を結んで信長に対して挙兵、信長を苦しめた十年にわたる「石山合戦」が勃発《ぼっぱつ》しています。浅井《あざい》長政《ながまさ》や朝倉義景《あさくらよしかげ》とも手を組んでいた三好三人衆方が戦いを有利に進めると、信長は朝廷に和睦《わぼく》調停を依頼。三好三人衆方は摂津や河内《かわち》（大阪府）から信長の勢力を追い払うことに一旦成功しました。さらに翌年、松永久秀が織田家から離反して仇敵《きゅうてき》だった三好三人衆方と同盟を結ぶと、再びアンチ信長勢力の動きが活発化、いわゆる〝信長包囲網〟が敷かれていきます。一五七二年（元亀三）には武田信玄もその同盟に加わり、十二月に徳川家康（信長の同盟相手）を「三《み》方《かた》ヶ原《はら》の戦い」で破ると、一五七三年（元亀四）二月には将軍の足利義昭も信長に対して反旗を翻《ひるがえ》しました。

実はこの前年の三月に、友通さんは上洛して信長に臣従していました（『信長公記《しんちょうこうき》』）が、この反信長勢力の動きを見て、再び信長と戦う道を選びます。ところが、キーパーソンの武田信玄が四月に病死すると、信長は反撃に転じ、八月に細川藤孝らが率いる織田軍が友通さんの守る淀《よど》城（京都市伏見《ふしみ》区）を攻撃します。『綿考輯録《めんこうしゅうろく》』（一七七八年〈安永《あんえい》七〉完成の細川家記）によると〃勇猛無双の士〃と称された友通さんは自ら斬《き》り込んで奮戦したものの、下津《おりつ》権内《ごんない》という細川家の家臣と取っ組み合いになって水堀に落下。水泳が得意だった下津権内に対して、友通さんは泳ぎが得意ではなかったために討ち取られてしまったそうです。享年《きょうねん》は四十三だったといいます。

それでは他の二人はどうなったのか。それが、よくわからないんです。

長逸さんの現存する書状は一五七〇年（元亀元）が最後のものになります。『多聞院《たもんいん》日記』（奈良の多聞院の僧侶の日記）の一五七一年（元亀二）七月二十二日の項目には、「三人衆」が摂津へ出陣したことが記されているので、三好三人衆と称される勢力がその後も活動していたのは確かなのですが、長逸さんの詳しい動向は不明となっています。また、宗渭さんに関しては、『二条《にじょう》宴乗記《えんじょうき》』（興福寺《こうふくじ》の坊官の日記）の一五六九年（永禄十二）五月二十六日の日記に「三好下野入道釣閑斎、当月（五月）三日に遠行《えんこう》（死ぬこと）の由《よし》、あわ（阿波）にて」とあるので、「本圀寺の変」の後に阿波へ渡っていた時に病死したようです。

ともあれ〃天下ユニット〃の三好三人衆は解散。一方、織田信長はその後、足利義昭を追放して室町幕府を滅亡させ、朝倉義景や浅井長政をも滅ぼし、新たな〃天下人〃となったのです。

龍造寺四天王

一、二、三、四……あれ、五!?
「四天王」なのに〝五人〞いた家臣団

成松信勝　百武賢兼
江里口信常　木下昌直
円城寺信胤

どんマイナーパラメーター

統率力	★★★★
武勇	★★★★★
チームワーク	★★★★
政治力	★★★★
メンバー数	★★★★★

○史料によってまちまちなメンバー構成

戦国時代でおなじみの家臣団ユニットといえば「○○四天王《してんのう》」ですね！　もともと「四天王」は仏教の守護神である帝釈天《たいしゃくてん》に仕《つか》えて、須弥山《しゅみせん》（仏教の宇宙観の中で世界の中心に聳《そび》えると考えられている高山）の四方を守る四人の守護神（東：持国天《じこくてん》、西：広目天《こうもくてん》、南：増長天《ぞうちょうてん》、北：多聞天《たもんてん》）を指すのですが、それが由来となって、優秀な四人の家臣を総称する言葉として使われるようになりました。

代表的なところだと、徳川家康《とくがわいえやす》に仕《つか》えた「徳川四天王」（酒井忠次《さかいただつぐ》・本多忠勝《ほんだただかつ》・榊原康政《さかきばらやすまさ》・井伊《いい》直政《なおまさ》）や、武田信玄《たけだしんげん》に仕えた「武田四天王」（馬場信春《ばばのぶはる》・山県昌景《やまがたまさかげ》・春日虎綱《かすがとらつな》〈高坂昌信《こうさかまさのぶ》〉・内藤昌秀《ないとうまさひで》〈昌豊《まさとよ》〉）があります。ところが、これらの有名な四天王は、実は戦国時代当時に呼ばれていたという記録はなく、さらに江戸時代の史料にも登場せず、明治時代以降に史書や小説などで呼ばれていったものがほとんどのようです。

そんな中で、戦国時代が終わってまだ数十年の江戸時代のはじめ頃に登場してくるのが「龍造《りゅうぞう》寺《じ》四天王」です！　この四天王は、詳しくは後述しますが〝おそらく初の戦国時代の四天王〟です。そんな「龍造寺四天王」はメンバーを数えてみると、一、二、三、四、五……。なんと四天王なのに〝五人〟もいるんです（笑）！

　初めて「龍造寺四天王」が登場する史料は、一六五〇年（慶安《けいあん》三）に書かれた『成松信勝戦功《なりまつのぶかつせんこう》記《き》』という軍記です。成松信勝は、第五章で紹介する勝屋勝一軒《かつやしょういっけん》と同じく、肥前《ひぜん》（佐賀県）の龍造寺隆信《たかのぶ》に仕えた武将で、その孫にあたる成松新兵衛尉《しんべえのじょう》という人物が、祖父の偉業を讃《たた》えるためにこの軍記をまとめました。そこには「遠江守《とおとうみのかみ》（成松信勝）、百武志摩守《ひゃくたけしまのかみ》（賢兼《ともかね》）、木下四郎兵衛《きのしたしろうべえの》尉《じょう》（昌直《まさなお》）、江里口藤七兵衛尉《えりぐちとうしちべえのじょう》（信常《のぶつね》）、この四人を龍造寺の四天王と皆唱《とな》え申されの由《よし》」とあります。つまり「成松信勝、百武賢兼、木下昌直、江里口信常の四人を〝龍造寺の四天王〟とみんな言っている」と記されているんです。

　ところが、元禄《げんろく》年間（一六八八～一七〇四）に出された『九州記』だと「隆信の旗本《はたもと》（側近）に四本鑓《やり》と名付けしは、成松遠江、百武志摩、円城寺美濃《えんじょうじみの》（信胤《のぶたね》）、江里口七藤兵衛」とあって、総称は「四本鑓（槍）」となり、メンバーも「木下昌直」から「円成寺信胤」にチェンジされています。あれれ？

　さらに一七一二年（正徳《しょうとく》二）に出された『陰徳太平記《いんとくたいへいき》』では「旗本に四天王の鑓柱《やりばしら》と聞《きこ》える成松遠江守、百武志摩守、円城寺美濃守《みののかみ》、江里口七兵衛」とあります。こちらでは「四天王の鑓柱（槍柱）」という総称になっていて、こちらも木下昌直ではなく円城寺信胤が入っています。ありゃありゃ？

もうひとつ史料を挙げてみると、龍造寺家の元家臣たちが多くいた佐賀藩の藩士（山本常朝《やまもとじょうちょう》）が口述し、一七一六年（享保《きょうほう》元）頃に完成した有名な『葉隠《はがくれ》』には、「隆信公の御時《おんとき》、四天王と申《もうし》たる武勇の士、百武志摩守、木下四郎兵衛、成松遠江守、江里口藤七兵衛なり」とあります。こちらではシンプルに「四天王」という総称になっていて、メンバーには再び木下昌直が入っていて円城寺信胤が抜けています。

つまり、まとめると「龍造寺四天王」は史料によっては「四本槍」や「四天王の槍柱」と呼ばれたりして、メンバーも「成松信勝、百武賢兼、江里口信常」は固定だけども、史料によって「木下昌直」と「円城寺信胤」が入れ替わるため〝四天王だけど五人いる〟という楽しい状況となっているわけですね。

○史料でたどる五人の運命

この五人の中で木下昌直以外の四人は、一五八四年（天正《てんしょう》十二）の「沖田畷《おきたなわて》の戦い」（「勝屋勝一軒」の項を参照）で主君の龍造寺隆信とともに討死《うちじに》を遂《と》げています。

成松信勝は『成松信勝戦功記』によると、龍造寺隆信が討《う》たれると「死時《しにどき》なれぞ」と考え、日の丸の扇《おうぎ》を開いて敵を招き、「先年、今山《いまやま》にて豊後《ぶんご》の大友親貞《おおともちかさだ》を討ち取ったる成松刑部少輔《ぎょうぶのしょうゆう》と云《い》う侍は我也」と名乗りを挙げて島津軍と戦い、長刀《なぎなた》で七人を討ち取ったものの、八人目に敗れて討死したといいます。セリフにある大友親貞という人物は、豊後（大分県）の大名・大友宗麟《そうりん》の弟とされるお方で、一五七〇年（元亀《げんき》元）の「今山《いまやま》の戦い」（佐賀県佐賀市）で成松信勝が討ち取っています。その時に成松信勝が使用したと伝わる槍《やり》は、今も佐賀県立博物館に伝えられています。百武賢兼は龍造寺隆信を何とか落ち延びさせようと主従四十余人で奮戦するも討死。子孫は佐賀藩士として続き、江戸時代後半には成松家（成松信勝の子孫）から養子を迎えています。

江里口信常は、『隆信公御年譜』などによると、龍造寺隆信が討たれたのを知ると、敵討《かたきう》ちをするために島津《しまづ》軍の兵士のふりをして敵将の島津家久《いえひさ》に接近。馬に乗っていた島津家久に斬《き》りかかり高股《たかもも》（腿《もも》の上部）に刀傷を負わせて落馬させるも、島津家の家臣たちにすぐに取り囲まれ、斬り掛かられてしまいます。それを見て立ち上がった島津家久は「それは無双《むそう》の剛者《ごうのもの》ぞ。助けよ助けよ」と言ったものの、江里口信常は斬り殺されてしまった後だったそうです。

円城寺信胤は「隆信公と態《なり》同じ毛の鎧《よろい》を着、我こそは龍造寺山城守《やましろのかみ》隆信よ、と名乗って戦い、その間に隆信公を落とし奉《たてまつ》らんとしけれど、叶《かな》わず死しけり」（『隆信公御年譜』）とあるように、毛があしらわれた甲冑が龍造寺隆信と似ていたため、自分が身代わりになろうと名乗り出て奮戦し、討死したそうです。彼らのこういった活躍もあったことから、子孫はそれぞれ佐賀藩の鍋島《なべしま》家に仕えています。

ちなみに「円城寺信胤」「江里口信常」という下の名で紹介しましたが、江戸時代の史料には「円城寺美濃（守）」「江里口藤七兵衛（尉）」とあるのみでハッキリと実名はわからないので、『校註葉隠』（一九四〇年〈昭和十五〉出版）で解説されている名を引用しました。というか江里口信常に関しては、史料によって「七藤兵衛」だったり「七兵衛」だったりと、ゴチャゴチャな表記になっています。

最後に、「龍造寺四天王」で唯一生き残った木下昌直は、『九州治乱記《ちらんき》』（『北肥戦誌《ほくひせんし》』）によると、龍造寺隆信ではなく鍋島信生《のぶなり》（のちに佐賀藩の藩祖となる鍋島直茂《なおしげ》）の軍勢に加わり、龍造寺隆信の討死が確かな情報であることを鍋島信生に伝えると、そのまま戦場に残って奮戦。鍋島軍が撤退した後に鍋島信生と合流したようです。『校註 葉隠』によると、京都出身だったらしく、戦後に出家して「生安」と名乗り、一六一〇年（慶長十五）に亡くなったそうです。

○平安時代から使われていた「四天王」のいろいろ

さて「龍造寺四天王」を〝おそらく初の戦国時代の四天王〟と紹介しましたが、その後、他にも戦国時代の「〇〇四天王」は描かれています。たとえば、先述した『陰徳太平記』には「四天王の如《ごと》く唱《とな》うる」（四天王のように言われている）織田《おだ》信長《のぶなが》の家臣として「羽柴秀吉《はしばひでよし》、柴田勝家《しばたかついえ》、惟任《これとう》（明智《あけち》）光秀《みつひで》、滝川一益《たきがわかずます》」が挙げられています。また、江戸時代後期の『甲越信戦録《こうえつしんせんろく》』には「上杉《うえすぎ》の四天王」として「直江《なおえ》山城守兼続《かねつぐ》、宇佐美《うさみ》駿河守定行《するがのかみさだゆき》、甘粕近江守数直《あまかすおうみのかみかずなお》、柿崎和泉守景《かきざきいずみのかみかげ》家《いえ》」の名が挙がっています。ネットで「上杉四天王」を検索すると、直江兼続ではなく、その養父である直江景綱《かげつな》になっているものが見られますが、直江景綱が四天王に入っている史料は見つけられませんでした。

そして「四天王なのに五人以上いる！」パターンだと「最上《もがみ》四天王」と呼ばれるユニットもあります。出羽《でわ》（山形県）の大名だった最上義光《よしあき》に仕えた重臣を指しますが、いくつかの書籍やネット上では「六人いる」ということになっています。しかし、「最上四天王」やそれに近い呼称は江戸時代やそれ以降の史書にも登場せず、かなり近い時代に呼ばれるようになったと考えられるので〝歴史〟として見ることはまだできなそうです。

最後に、戦国時代の「龍造寺四天王」よりも〝古い四天王〟ですが、鎌倉時代前半にまとめられたとされる『平家《へいけ》物語』（屋代本《やしろぼん》）には「源頼光《みなもとのよりみつ》」（平安時代中頃の武将）に仕える「四天王の郎党《ろうとう》（家臣）」として「綱《つな》（渡辺《わたなべの》綱）、公時《きんとき》（坂田金時《さかたきんとき》）、貞光《さだみつ》（碓井《うすい》貞光）、末武《すえたけ》（卜部季武《うらべのすえたけ》）」が挙げられています。渡辺綱は鬼の頭領である酒呑童子《しゅてんどうじ》を退治したことから、渡辺姓の人は節分の時に豆まきをしなくてよい風習があることでもおなじみです（198P「渡辺兼《かね》」参照）。坂田金時は、昔話で有名な「金太郎」のモデルとされる人物です。また、同じく『平家物語』には木曽義仲《きそよしなか》（平安時代末期の武将、源頼朝《よりとも》の従兄弟《いとこ》）の「木曽四天王」として「今井兼平《いまいかねひら》、樋口兼光《ひぐちかねみつ》、楯親忠《たてのちかただ》、根井小弥太行親《ねのいこやたゆきちか》」の名が記されています。今井兼平と樋口兼光は兄弟なのですが、樋口兼光の子孫と伝えられているのが「上杉の四天王」の直江兼続（実家は樋口家）です。さらに鎌倉時代後半から室町時代前半にまとめられたと考えられる『源平盛衰記《げんぺいじょうすいき》』には、源義経《よしつね》（頼朝の弟）の「四天王」として「鎌田藤太盛政《かまたとうたもりまさ》、同藤次光政《とうじみつまさ》と、佐藤三郎兵衛継信《さとうさぶろうひょうえつぐのぶ》、弟に（佐藤）四郎《しろう》兵衛忠信《ただのぶ》」の四人が挙げられている（弁慶《べんけい》は入っていない）など、昔から日本人は「〇〇四天王」が大好きだったことがわかります。

たとえ史料には登場してこなくても「〇〇家だったら、誰が四天王だろう?」と考えてみて、「龍造寺家みたいに、どうしても五人以上になっちゃうよ～」と選抜に困り続ける時間もめちゃくちゃ楽しそうですね。

三中老

五大老と五奉行の板挟み？
豊臣政権の〝地味〟な中間管理職ユニット！

堀尾吉晴
生駒親正
中村一氏

どんマイナー
パラメーター

統率力	★★★
武勇	★★★
チームワーク	★★★★
政治力	★★★★
哀愁	★★★★★

○豊臣政権の調整役を務めた〝いぶし銀〟

豊臣秀吉《とよとみひでよし》が一代にして築き上げた「豊臣政権」。その政権を支えた主な武将たちといえば、受験勉強でもおなじみの「五大老《ごたいろう》」と「五奉行《ごぶぎょう》」です。

「五大老」とは豊臣政権の中枢を担った全国トップクラスの領地と実力を持つ大名で、メンバーは序列順に、徳川家康《とくがわいえやす》、前田利家《まえだとしいえ》、宇喜多秀家《うきたひでいえ》、上杉景勝《うえすぎかげかつ》、毛利輝元《もうりてるもと》の五人でした。上杉景勝は小早川隆景《こばやかわたかかげ》（毛利輝元の叔父《おじ》）が亡くなった後に選出されたといわれています。秀吉は亡くなる直前に、幼い豊臣秀頼《ひでより》のことを五大老に託していますが、その遺言書には「五人の衆《しゅ》」と記されています。

一方「五奉行」は、「太閤検地《たいこうけんち》」などの政策を実施した秀吉の側近で、メンバーは、前田玄以《まえだげんい》、浅野長政《あさのながまさ》（114P参照）、増田長盛《ましたながもり》、石田三成《いしだみつなり》、長束正家《なつかまさいえ》の五人だったとされています。

実は、この有名な五大老と五奉行の調整役を務めた〝中間管理職・武将ユニット〟もあったと伝えられています。それが「三中老《さんちゅうろう》」です！

メンバーは、堀尾吉晴《ほりおよしはる》、生駒親正《いこまちかまさ》、中村一氏《なかむらかずうじ》の三人なのですが、このラインナップ、五大老と五奉行に比べるとやっぱり地味（失礼・笑）。でも、三人ともいぶし銀の武将たちで、それぞれ織豊《しょくほう》時代（織田信長《おだのぶなが》と秀吉の時代）を生き抜いて出世していき、御家は、江戸時代を迎えた時には立派な大名となっています。

「中老」とは〝中ランクの重臣〟というような意味合いで、「三中老」の文言が登場してくるのは、江戸時代中頃から。一六七三年（延宝《えんぽう》元）に完成した『武家事紀《ぶけじき》』には、豊臣政権のシステムの解説で「大老」の後に「中老」の項目があり、「堀尾吉晴 帯刀《たてわき》」「生駒正成《まさなり》（親正の初名）雅楽助《うたのすけ》」「中村一氏 式部少輔《しきぶしょうゆう》」の名が記されています。本名の後の「帯刀」「雅楽助」「式部少輔」は〝官職名〟で、当時は、本名ではなくこちらの名を使うことが一般的でした。その三人の名の後には仕事内容として「中老は大老・奉行の和融《わゆう》、諸大名の和平を司《つかさど》るなり」と、五大老や五奉行、諸大名との調整役だったと解説されています。

また、この三人がユニットのように扱われている初出の史料はおそらく一六二五年（寛永《かんえい》二）に完成した『太閤記《たいこうき》』（小瀬甫庵《おぜほあん》による秀吉の一代記）だと思われます。そちらでは「三中老」や「中老」というユニット名ではなく「三人之小宿老《こしゅくろう》」や「三人之小年寄衆《ことしよりしゅう》」と総称されています。役割としては「この三人は大年寄《おおどしより》（五大老）の内、五奉行と不和に成る事ありなば、非儀《ひぎ》（道理に背《そむ》くこと）なる方へ強く諌《いさ》め（忠告）を遂《と》ぐべき旨《むね》、堅《かた》く頼みおぼしめすと有りし也《なり》」とあり、やはり秀吉が調整役として期待したように記されています。それでは、そんな豊臣政権の中間管理職だった三人をご紹介しましょう！

○堀尾吉晴――中老役として適任、仏のような性格

まず一人目は堀尾吉晴《よしはる》（可晴）です！　吉晴さんは尾張《おわり》の御供所《ごごしょ》（愛知県大口町《おおぐちちょう》）の出身で、一五四三年（天文《てんぶん》十二）生まれなので秀吉の六歳年下にあたります。信長に仕《つか》えた後に秀吉の家臣に配属されて重臣となっていきました。『太閤記』によると、とても穏やかな性格だったことから「仏の茂助《もすけ》」（茂助＝吉晴の通称）と呼ばれていたそうですが、一五七五年（天正《てんしょう》三）の丹波《たんば》（京都府・兵庫県）の平定戦で三十六の首級《しゅきゅう》を挙げてからは「鬼茂助」と呼ばれるようになったといいます。一五八三年（天正十一）には高浜城（福井県高浜町）、二年後には佐和山《さわやま》城（滋賀県彦根市）、一五九〇年（天正十八）の「小田原征伐《おだわらせいばつ》」では山中城（静岡県三島市）での戦いで中村一氏らとともに奮戦。戦後には遠江《とおとうみ》の浜松城（静岡県浜松市）の城主となり、十二万石《ごく》の大名へと出世を果たしました。そして、〝仏の茂助〟の人柄を存分に活《い》かせる（？）三中老に就任したとされているわけです。秀吉の死後には息子の堀尾忠氏《ただうじ》に家督《かとく》を譲って隠居《いんきょ》。「関ヶ原《せきがはら》の戦い」では息子が東軍に付いたことで出雲《いずも》と隠岐《おき》（ともに島根県）に二十四万石もの領地を与えられ、吉晴さんも移転。息子が四年後に早世《そうせい》してしまったため、孫の堀尾忠晴《ただはる》（一六三三〈寛永《かんえい》十〉に後継者がいないまま死去し、堀尾家は改易《かいえき》）の後見役《こうけんやく》を務めて松江城（島根県松江市）を新たに築城し、居城を月山富田《がっさんとだ》城（島根県安来《やすぎ》市）から移しました。現存する松江城の天守は吉晴さんが亡くなる五ヶ月前の一六一一年（慶長《けいちょう》十六）の正月に完成したもので、今は国宝に指定されています。

地元では吉晴さんは特に英雄で、松江城には像が立てられています（ちなみに、私は縁あって「松

江観光大使」に就任しています）。

○生駒親正――関ヶ原では西軍に付くも息子の活躍で免責

二人目は生駒親正です！　生駒家は大和《やまと》の生駒（奈良県生駒市など）にルーツを持つとされる一族で、文明《ぶんめい》（一四六九〜八七）か明応《めいおう》（一四九二〜一五〇一）頃に尾張の小折《こおり》（愛知県江南市《こうなんし》）に移住したといいます。生駒家は信長の織田家と繋《つな》がりが強かった家で、親正さんの叔母《おば》（土田御前《どたごぜん》）が織田信秀《のぶひで》に嫁《とつ》いで信長を生んでいることから、実は親正さんは織田信長の従兄弟《いとこ》にあたります。また、信長の側室《そくしつ》だった吉乃《きつの》と称される女性も生駒家の出身で、親正さんとは義理の従兄弟だったといわれています。

一五二六年（大永六《だいえい》）に生まれた親正さんは、一五六六年（永禄九《えいろく》）から信長に仕え始め、一五七七年（天正五）頃に秀吉の家臣へと転身。信長の死後は、秀吉の有力家臣として「賤ヶ岳《しずたけ》の戦い」「小田原征伐」「文禄の役《ぶんろくのえき》（第一次朝鮮出兵）」などに従軍。一五八六年（天正十四）に伊勢《いせ》の神戸《かんべ》城（三重県鈴鹿《すずか》市）の城主となって三万石に加増。さらに赤穂《あこう》（兵庫県赤穂市）に移って六万石の領主となり、一五八七年（天正十五）には讃岐《さぬき》（香川県）一国十七万石を与えられ、国持ち大名となっています。そしてこの時、親正さんが新たに築いたのが高松城（高松市）と丸亀城《まるがめじょう》（丸亀市）です。高松城は瀬戸内海に面して造られた〝海城《うみじろ》〟で、現在は〝日本三大水城《みずじろ》〟に数えられている名城です。丸亀城は瀬戸内海を一望できる亀山に築かれた高松城の支城で、今残る姿は一六四〇年（寛永十七）の生駒高俊《たかとし》（親正さんのひ孫）の改易後に改築されてからのものですが、石垣は本丸までのトータルの高さが約六十メートルもあり、総高《そうだか》としては〝日本一の高さ〟となっています。また、一六六〇年（万治《まんじ》三）に再建された天守は松江城と同じく現存している貴重な城郭建築物です。

さて、秀吉の死後に起きた「関ヶ原の戦い」では、病気のため息子の生駒一正《かずまさ》が家康の軍勢に加わっています。ところが、畿内《きない》に残っていた親正さんは、石田三成らに催促《さいそく》されて西軍として田辺城《たなべ》（京都府舞鶴市《まいづる》）攻めに協力してしまったため、戦後に剃髪《ていはつ》して高野山《こうやさん》（和歌山県高野町）に入山。しかし、息子の活躍で許されて、一六〇三年（慶長八）に高松で亡くなったといいます。

○中村一氏——家康に替わって駿府城城主も務めた功臣

ラストは中村一氏です！　このお方はとにかく出自がわからない人物で、史実としては信長の死後に秀吉の家臣としていきなり登場します。本人だけでなく先祖もどこで何をしていたか不明で、江戸時代から尾張出身説や近江《おうみ》（滋賀県）出身説など諸説語られてきました。

そんな一氏さんは一五八三年（天正十二）に岸和田城《きしわだ》（大阪府岸和田市）の城主となって、太田《おおた》左近《さこん》（80P参照）などが率いる雑賀衆《さいかしゅう》などの紀州《きしゅう》勢と戦います。翌年には尾張で起きた「小牧《こまき》・長久手《ながくて》の戦い」で秀吉が畿内から出陣した隙《すき》を狙《ねら》って、一氏さんのいる岸和田城に紀州勢が攻め寄せました。この時、幾千幾万もの蛸《たこ》が出現して敵を追い払って城を守ったという「蛸地蔵伝説」が城下の天性寺《てんしょうじ》に伝承されています。この蛸は「堀の中に埋め隠されている地蔵菩薩《ぼさつ》の化身である」と名乗ったことから、堀から掘り起こした地蔵菩薩像を城下に祀《まつ》るようになって地蔵堂が建立《こんりゅう》され、今も境内《けいだい》に残っています。

岸和田城主としての活躍もあったことから、二年後には領地を加増されて近江の水口城《みなくち》（水口岡山城とも。滋賀県甲賀市《こうか》）の城主に就任。実は一七三四年（享保十九《きょうほう》）に成立した地誌『近江輿《よ》地志略《ちしりゃく》』の「多喜《たき》（瀧）村」の項目には「中村式部少輔一氏は佐々木山崎の余流《よりゅう》（分家）にして、此地《この》の産士なり。始《はじめ》、瀧弥《や》平次《へいじ》と号《ごう》する此故《これゆえ》の名なり。甲賀二十一家の一なり」とあるように、先祖は源氏の流れを汲《く》む佐々木一族、〝甲賀忍者〟とも称される甲賀の地侍の出身で〝瀧弥平次〟と名乗っていたという説が紹介されています。なので、水口城の城主となったのは、ルーツが甲賀にあるという理由があったのかもしれません。

その後、一五九〇年（天正十八）の「小田原征伐」では「山中城の戦い」で堀尾吉晴とともに活躍。戦後には、駿河《するが》一国十四万石を与えられて家康に替わって駿府城《すんぷ》（静岡県静岡市）の城主となっています。駿府城は近年の発掘調査で一氏さん時代の天守台の石垣や金箔瓦《きんぱくがわら》が発見されて大きな話題になっています。

一六〇〇年（慶長五）の「関ヶ原の戦い」では重病に罹《かか》っていて、息子の中村一忠《かずただ》もまだ十一歳だったことから、代わりに弟の中村一栄《かずしげ》（かずひで、かずよし、とも）が家康の軍勢に従軍。天下分け目の戦いが目前に迫った二ヶ月前の七月十七日、一氏さんは病死しています。戦後、中村一忠は伯耆《ほうき》（鳥取県）一国十七万石を与えられ、米子城《よなご》（米子市）の城主に就任すると、新たに天守を増築するなど大改築。この天守は明治時代に取り壊されてしまったものの、古写真が残されています。中村家は一氏さんの一代で大名にまでなったものの、息子の中村一忠は一六〇九年

（慶長十四）に二十歳にして早世してしまい、後継者がいなかったことから改易となっています。

「三中老」は「三好三人衆」（130P参照）などとは異なり〝史実としての活動は確認できていない〟ユニットです。一応、三人での活動らしきものが見えるのは、『歴代古案』（上杉家関係の文書を編纂《へんさん》した史料）にある、三中老の署名が入った一六〇〇年五月七日の書状です。これは会津の上杉家を討伐しようとする家康を説得して「会津征伐」を延期させようとする内容なのですが、そこに五奉行の三人（長束正家、増田長盛、前田玄以）とともに、三中老の三人の名が揃《そろ》って記されています（『古今消息集』に収録されている文面には前田玄以の名はない）。しかし、原本はなく写しのみが伝えられているこの書状は創作が疑われており、残念ながら三人での活動の決定的な証拠とは言えなそうです。とはいっても、三中老は江戸時代の初め頃から豊臣政権の定番のユニットとして語り継がれてきたことは確かです。その発端が三人をユニット化した『太閤記』なわけですが、実はこれを書いた小瀬甫庵は堀尾吉晴の元家臣だった経歴があります。物語の中では、吉晴さんの活躍がたくさん描かれていることもあり、元主君を上げる意図が見え隠れしてきます。となると「三中老」も、吉晴さんの功績をより良く描くために、同じようなランクや経歴を持つ生駒親正や中村一氏をユニットとしてまとめたのかもしれません。

武将としてはスゴいのに、役職は中間管理職で、なんだか地味な三人組。子孫が改易になった共通点も含めて、どこか哀愁《あいしゅう》と共感性があり、私はとっても好きです！　ゆかりの自治体の皆さん、「三中老サミット」的な催《もよお》し物、始めてみませんか（笑）？

武将の下の名前「長政」多すぎ問題　その2

○「長政」from 織田・小笠原家

メジャーな大名の「長政《ながまさ》」だと、あの織田《おだ》信《のぶ》長《なが》の末裔《まつえい》の〝織田家の長政〟が四人もいます。

まずは一五八八年（天正《てんしょう》十六）生まれの信長の甥《おい》の「織田長政」。信長の弟の織田長益《ながます》（有楽《うらく》斎《さい》）の息子で、大和《やまと》の戒重《かいじゅう》藩（奈良県桜井市）の藩主となりました。末裔は一七四五年（延享《えんきょう》二）に拠点を移し、芝村《しばむら》藩（桜井市）の藩主として明治を迎えています。この織田長政の甥にも「織田長政」がいて、こちらは美濃《みの》の野村藩（岐阜県大野町）の藩主だった織田一族です。

さらに、信長の次男の織田信雄《のぶかつ》の孫にも「織田長政」（織田高長《たかなが》の子）がいて、兄（織田長頼）から大和の宇陀《うだ》（宇陀市など）の三千石《ごく》の領地を分与され、交代寄合《こうたいよりあい》（参勤《さんきん》交代を義務付けられた旗本《はたもと》）や定火消《じょうびけし》（幕府直轄の火消し部隊）となり一六九〇年（元禄《げんろく》三）に死去。末裔は高家《こうけ》（儀式を担当する高い家格の旗本）を務めています。

この三人に加えて、加賀《かが》藩（石川県金沢市）の前《まえ》田《だ》家に仕《つか》えた「津田《つだ》長政」もいて、こちらは信長の五男の織田勝長《かつなが》（津田勝長）の孫で一六六六年（寛文《かんぶん》六）に死去。末裔は加賀藩士として続いています。

また、織田信雄の家臣にも「木造《こづくり》長政」（長正とも）がいます。この人物は伊勢《いせ》（三重県）の名門だった北畠《きたばたけ》家の分家出身で、信雄の改易《かいえき》後は、織田秀信《ひでのぶ》（織田信長の長男・信忠《のぶただ》の子）に仕え、「関《せき》ヶ原《はら》の戦い」で西軍に付いた主君が改易となると、広島城の城主となった福島正則《ふくしままさのり》に家臣として迎え入れられています。

小笠原《おがさわら》家にも、やたら「長政」がいます。小笠原家は武田信玄《たけだしんげん》の武田家と同族で、甲斐《かい》（山梨県）にルーツを持つ名門ですが、信濃《しなの》（長野県）や阿波《あわ》（徳島県）や三河《みかわ》（愛知県）、石見《いわみ》（島根県）などで勢力を伸ばしていました。そして、そのそれぞれの家に「小笠原長政」（長正）がいます。信濃の「小笠原長政」は一二二二年（貞《じょう》応《おう》元）生まれで、鎌倉幕府に仕えて五代執権《しっけん》の北条時頼《ほうじょうときより》（北条義時《よしとき》のひ孫）の師範《しはん》を務めたといいます。その末裔、一五一一年（永正《えいしょう》八）に死去した松尾城（長野県飯田市）の小笠原定基《さだもと》は一時期「伊那《いな》長政」と名乗っていたそうです。

阿波のほうでは、一五七三年（元亀《げんき》四）に記されたとされる『古城諸将記』に重清《しげきよ》城（徳島県美馬《みま》市）の城主として「重清豊後守《ぶんごのかみ》長政」の名があり、別名として「小笠原長政」が伝えられています。この人物は一五七八年（天正六）に土佐《とさ》（高知県）の長宗我部元親《ちょうそかべもとちか》に通じた白地《はくち》城（徳島県三好《みよし》市）の大西覚養《かくよう》の謀略《ぼうりゃく》に掛かり、その弟の大西頼包《よりかね》と中島城（美馬市）の久米刑《くめぎょう》馬亮《まのすけ》によって暗殺されてしまったといいます。

水戸藩の徳川光圀《みつくに》（家康《いえやす》の孫）が編纂《へんさん》を命じた『諸家系図纂《しょかけいずさん》』によると、幡豆《はず》の寺部《てらべ》城（愛知県西尾市）にも室町時代半ばに「小笠原長政」がいて、伊勢の亀山城（三重県亀山市）での戦いで息子の小笠原信綱《のぶつな》と同日に討死《うちじに》したといいます。また、石見の温湯《ぬくゆ》城（島根県川本町）にも、漢字は違いますが「小笠原長正」がいて、一五〇六年（永正三）に亡くなったそうです。

ちなみに「三好三人衆」（130P参照）で紹介した三好家は、阿波の小笠原家の末裔といわれていて、そちらにも「三好長政」という人物がいたみたいです。この三好長政は、系図によっては登場しなかったりもするのですが、十河《そごう》一存《かずまさ》（173P参照）やその兄・三好長慶《ながよし》の高祖父（祖父の祖父）にあたると考えられています。その三好家の重臣にも「篠原《しのはら》長政」がいて、残されている一五二〇年（永正十七）の書状から、当時まだ幼かった三好長慶の後見役《こうけんやく》を務めたとされています。おまけに、三好長慶の宿敵だった「木沢《きざわ》長政」という武将もいます。木沢長政は河内《かわち》（大阪府）の守護《しゅご》だった畠山《はたけやま》家の重臣だったものの、細川家の家臣に転じて旧主の畠山義堯《よしたか》やライバルの三好元長《もとなが》（三好長慶の父）を自害に追い込み、畿内で権勢をふるった梟雄《きょうゆう》です。しかし、最終的には一五四二年（天文《てんぶん》十一）の太平寺《たいへいじ》（大阪府柏原《かしわら》市）での戦いで三好長慶らの軍勢に敗れて討死をしています。

第四章

マニアックな偉業の数々！
教科書には載らない武将たち

木村吉清

実は県名「福島」の名付け親!? なのに県民に知られていない福島城主

どんマイナー
パラメーター

統率力	★★
武勇	★★
知略	★★
政治力	★★★
ネーミング力	★★★★★

○「小田原征伐」後の大出世と大失態

日本には現在、四十七の都道府県がありますが、その中で戦国武将が名付けたとも伝えられている場所があります。たとえば、黒田長政《くろだながまさ》が命名したという「福岡」、加藤清正《かとうきよまさ》が隈本《くまもと》から改名したという「熊本」、毛利輝元《もうりてるもと》が命名したという「広島」、蜂須賀家政《はちすかいえまさ》が命名したという「徳島」、山内一豊《やまうちかずとよ》が築いた河中山《こうちやま》城が由来となったという「高知」、羽柴秀吉《はしばひでよし》が和歌浦《わかのうら》から引用して名付けたという「和歌山」など、結構たくさんあります。どの武将たちも地元では偉人として扱われていますが、その中でひょっとすると、地元民にはそんなに知られていないかもしれない（失礼！）のが、「福島」の名付け親と伝わる木村吉清《きむらよしきよ》です。

木村氏は、『寛政重修諸家譜《かんせいちょうしゅうしょかふ》』などでは、近江《おうみ》の木村（滋賀県東近江市）をルーツとする宇多源氏《うだげんじ》（宇多天皇を祖とする源氏）とされていて、吉清さんもおそらくこの一族と考えられます。

『戦国人名辞典』などによると、はじめは明智光秀《あけちみつひで》に仕《つか》えていたそうですが、主君の光秀は「山崎《やまざき》の戦い」の敗走中に討死《うちじに》。吉清さんは城代《じょうだい》として亀山城（京都府亀岡市）を守っていたそうですが、すみやかに秀吉に明け渡したことで、その手際の良さを評価されて秀吉に雇われることになったといいます。そこからは「小牧《こまき》・長久手《ながくて》の戦い」に従軍したり、美濃《みの》（岐阜県）の検地《けんち》の奉《ぶ》行《ぎょう》を務めたりするなど、新規の家臣ながら出世。一五九〇年（天正《てんしょう》十八）の「小田原征伐《おだわらせいばつ》」では岩付城《いわつき》（埼玉県さいたま市）の攻城戦に参加したり、秀吉のもとになかなか参陣してこなかった伊達政宗《だてまさむね》の取次役《とりつぎやく》（連絡係）を務めるなどしています。そのため、この頃の伊達政宗関係の史料には、よく吉清さんが登場してきます。そして、同僚には石田三成《いしだみつなり》や大谷吉継《おおたによしつぐ》などがいる中、小田原攻めの後には、なんと息子の木村清久《きよひさ》とともに三十万石《ごく》もの領地を与えられることになりました。それまでは五千石だったといいますから、石高《こくだか》は驚きの六十倍！　超絶大出世です。

ところが、その直後に大問題が発生。吉清さんの領地で「葛西《かさい》・大崎一揆《おおさきいっき》」が勃発《ぼっぱつ》したのです。吉清さんが与えられた領地は、「小田原征伐」で秀吉によって領地を没収された葛西家と大崎家の旧領（宮城県の北部と岩手県の南部）でした。その両家の旧臣たちの不満が爆発したんです。

吉清さん親子は佐沼城《さぬま》（宮城県登米《とめ》市）に逃れますが、一揆勢に囲まれてしまい大ピンチ。結局は秀吉が派遣《はけん》した蒲生氏郷《がもううじさと》や伊達政宗などが率いる鎮圧《ちんあつ》軍（「九戸政実《くのへまさざね》」の項を参照）によって救出してもらっていますが、この失態により領地は没収されます。「福島」という地名が誕生するのは、この後です。

○福島の名付け親は木村吉清か、蒲生氏郷か？

吉清さんは、秀吉から「蒲生氏郷を主とも親とも思うように」（『蒲生氏郷記』）と言われたとある通り、蒲生氏郷の与力《よりき》（大大名に従う中小規模の大名のこと）でした。蒲生家は近江の蒲生（滋賀県東近江市など）がルーツなので、出自がご近所という繋《つな》がりもあっての配属かもしれません。

そんな吉清さんは「葛西・大崎一揆」の後に、完全に蒲生氏郷の家臣となると、一五九一年（天正十九）に新たに信夫《しのぶ》（福島市）に五万石の領地を与えられることになります。はじめ大森城（福島市）に入った吉清さんは、すぐに杉目城《すぎのめ》（杉妻城《すぎのめ》、大仏城《だいぶつ》とも）に移り、城名を改めます。新たに誕生した名は「福島城」！　こうして「福島」という地名が誕生したのです。なぜ「福島」なのかは不明ですが、地名に使われがちな好字《こうじ》（めでたい字）を使ったのでしょう。

吉清さんの時期に改名されたとされる根拠は、蒲生家の検地の結果をまとめた『高目録帳《たかもくろくちょう》』です。これは一五九四年（文禄三《ぶんろく》）に作成されたものなのですが、そこにはじめて「福嶋（島）」という地名が記されているんです。城名が先か地名が先かはわかりませんが、この記録が作られる少し前に改名されたようです。また、吉清さんが杉目城に入ったタイミングや改名の時期はハッキリしないのですが、一五九二年（文禄元）か一五九三年（文禄二）のことと考えられています。

残念ながら、明確に「木村吉清が福島と改名した」と記した当時の史料はありませんが、一八四一年（天保十二《てんぽう》）の『信達一統志《しんたついっとうし》』（信夫・伊達の地誌）には、「この時はじめて（木村吉清が）杉妻を福島と改めたという」とあるように、江戸時代から「福島は木村吉清が命名した」と伝えられていたようです。

ただし、主君である蒲生氏郷を無視しての改名は難しいと思うので、おそらく蒲生氏郷が関わっていたと思われます。というか「蒲生氏郷が改名した」可能性もあります。なぜならば、蒲生氏郷は〝名付けたがり武将〟でして、お気に入りの家臣たちに「蒲生」という名字を与えたり、自分の居城を「黒川城」から「鶴ヶ城《つる》」（福島県会津若松市《あいづわかまつ》）に改めて、城下町を自分の地元の地名である「若松」に改名したり、自分の家臣の城である「白石城《しろいし》」を「益岡城《ますおか》」（増岡城とも。宮城県白石市《しろいし》）に、「米沢城《よねざわ》」を「松岬城《まつがさき》」（山形県米沢市）に改名したりしているんです。となると「福島」も名付けたがりの蒲生氏郷が改名したとも考えられますね。

ちなみに福島城は、吉清さんが入る以前は伊達政宗の先祖が城主を務めたお城でした。そんな福島城の城主を吉清さんが務めていたのは『高目録帳』の書かれた一五九四年までで、それ以降は蒲生家の直轄地となりました。蒲生家を何らかの理由で離れて上洛《じょうらく》した吉清さんは、『戦国人名辞典』によると、秀吉から豊後《ぶんご》（大分県）に一万四千石を与えられ、一五九八年（慶長三）に亡くなったといいます。その後、福島城は江戸時代に福島藩の藩庁として使われました。現在、城跡の中心部である福島県庁一帯に土塁《どるい》や庭園（紅葉山公園《もみじやま》）など一部が残るのみですが、城下町は当時の町割りの面影《おもかげ》を残し、城跡の東から南に流れる阿武隈川《あぶくまがわ》はとても美しいです。

さらに、城下町にあった城福寺《じょうふくじ》（常福寺）は吉清さんが創建したともいわれていて、一八八一年（明治十四）の大火災で焼失したものの、吉清さんの位牌が真浄院《しんじょういん》に伝わっています。『信達一統志』によると、江戸時代には別の位牌が城福寺に伝わっていたらしく、そこには「慶長十一月日　当城本丸にて卒去《そっきょ》す」とあり、吉清さんが福島城の本丸で亡くなったと〝盛られて〟記されていたようです。

「福島」発祥の地、福島城！　福島県にゆかりのある方々は、ぜひ登城していただきたいです！

江川三代

武士と酒造業の二刀流！　家康も絶賛した日本一の酒の味とは？

江川英元・英吉・英長

どんマイナー
パラメーター

統率力	★★★
武勇	★★★★
知略	★★★
政治力	★★★★
お酒レビュー	★★★★★

○北条早雲が命名した「江川酒」

戦国武将はお酒が大好き！　当時の記録にも酒は多く登場しますし、武将の逸話にも酒にまつわるものがたくさん残されています。そんな酒好きな武将たちの間で、特に人気だったのが「江《え》川酒《がわしゅ》」（「えがわざけ」とも）です。製造元は、その名の通り「江川家」。こちらは酒造屋であると同時に、戦国武将でもあったんです！　つまり、武士と酒造業の二刀流。このお酒、かなり美味《おい》しかったらしく、戦国時代、「江川」といえばお酒を意味するほど、大ブームとなりました。武将のプレゼント品の定番にもなり、江戸時代には徳川《とくがわ》将軍家への献上品にもなったほどです。

まず、江川酒を造っていた江川家ですが、江川家の『系譜』によると、平安時代末期の保元《ほうげん》年間（一一五六～五九）に宇野親信《うのちかのぶ》という人物が、大和《やまと》の宇野（奈良県五條《ごじょう》市）から伊豆《いず》の江川（静岡県伊豆の国市）に移ってきたことに始まるといいます。その頃、近所には流罪《るざい》となっていた源《みなもとの》頼朝《よりとも》がいて、一一八〇年（治承《じしょう》四）に平家打倒の挙兵をしますが、宇野親信は当初から源頼朝に味方をして鎌倉幕府の御家人《ごけにん》になり、末裔《まつえい》が室町時代に「江川」を名乗り始めたそうです。

「江川酒」の歴史は、鎌倉時代の中頃からスタート！　江川家の『系譜』によると、北条時頼《ほうじょうときより》の時代（一二五〇年前後）に宇野英治《ひではる》（宇野親信の六代後）が酒造りを始めると、北条時頼はそのお酒を「美味」と気に入り、有名なお酒になったんだそうです（江戸幕府が編纂《へんさん》した『寛永諸家系図伝《かんえいしょかけいずでん》』や『寛政重修諸家譜《かんせいちょうしゅうしょかふ》』では、この宇野英治の代に伊豆に移り住んだと記されているなど相違点多数あり）。

その後、伊豆に進出してきた北条早雲《そううん》（伊勢宗瑞《いせそうずい》）に仕《つか》えるようになるのですが、実はこの頃、酒造りの手法は一旦途絶《とだ》えていたそうです。ところが、『系譜』によると「奇方《きほう》」によって再び酒造りに成功。北条早雲に献上すると、これまた「美味」だと愛飲するようになり「酒部屋」（おそらく酒の貯蔵用の部屋）を造るほどだったといいます。そして、北条早雲はこの酒を「江川酒」と命名！　こうして一五〇〇年前後になって「江川酒」という名が誕生したのです。いや、っていうか「奇方」って何（笑）!?　史料にはそれ以上の情報がないのでわかりませんが、醸造方法を色々試して、珍しい造り方を発見したのかもしれません。

それから江川家は、北条早雲から五代続く小田原《おだわら》城（神奈川県小田原市）の北条家の家臣として「英元《ひでもと》→英吉《ひでよし》→英長《ひでなが》」と続きますが、武将としては不本意ながら（？）「江川酒」のほうが有名になっていくのです。

○武将間のプレゼントとして大人気！

江川酒がいかに流行《はや》っていたかは、当時の史料からしっかりと確認することができます。

たとえば、お酒好きで知られる上杉謙信《うえすぎけんしん》に対して、一五六九年（永禄《えいろく》十二）に同盟相手の北条氏政《うじまさ》（早雲のひ孫）から「江川一荷《いっか》」が贈られていることが、北条氏政の書状からわかります。一荷というのは、天秤棒《てんびんぼう》にかけて一人で肩に担げる荷物の量のことを指すようですので、数リットルといったところでしょうか。

また、織田信長《おだのぶなが》にも北条家から江川酒が贈られたようで、『信長公記《しんちょうこうき》』によると、一五八〇年（天正《てんしょう》八）三月十日、京都の本能寺《ほんのうじ》にいた信長への贈答品の中に「江川酒　三種二荷」があり、一五八二年（天正十）三月二十一日には「江川の御酒」が信長の家臣の滝川一益《たきがわかずます》に贈られています。

北条家はどうやら江川酒を外交用の贈答品として重宝《ちょうほう》していたようで、当時有名人だった連歌《れんが》師《し》の里村紹巴《さとむらじょうは》は一五六七年（永禄十）に駿府《すんぷ》（静岡県静岡市）を訪れた際、噂《うわさ》に聞いていた「江川と云《い》ふ近国の名酒」を飲んだことを『紹巴富士見道記』に記しています。他にも、公家の山科言《やましなとき》継《つぐ》が記した『言継卿記《きょうき》』には、一五五七年（弘治《こうじ》三）に今川《いまがわ》家臣の朝比奈泰能《あさひなやすよし》から「樽《たる》五荷　豆《ず》州《しゅう》（伊豆）江川」が贈られてきたことが記されています。つまり、プレゼントされた側の今川家も、江川酒を贈答品として使っていたようなんです。やはりかなり旨《うま》いお酒だったんでしょうね。

となると当然、おもてなしの時にも振る舞われたようで、下総《しもうさ》の結城《ゆうき》（茨城県結城市）の大名だった結城政勝《まさかつ》が一五五六年（弘治二）に定めた「結城氏新法度《しんはっと》」という分国法《ぶんこくほう》（大名が領地を支配するために定めた法）の中には、接待用の酒として大和の「菩提泉《ぼだいせん》」と河内《かわち》（大阪府）の「天《あま》野《の》」と並んで「江川」が登場しています。

とにかく大人気だった江川酒ですが……あれ!?　販売元の江川家は、武将としてはどうなったんでしょう？

○旨い酒を通じて人脈づくり？ 家康の家臣となる

江川英元（吉直《よしなお》。吉茂《よししげ》とも）は、江川家に伝わる『系譜』によると一五三八年（天文《てんぶん》七）の「国府台《こうのだい》合戦」（千葉県市川市）で「二度の先駆《さきがけ》」をして首級《くびじるし》を上げて、北条氏綱《うじつな》（早雲の子）から感状《かんじょう》や太刀《たち》などを賜《たまわ》ったそうです。『寛永諸家系図伝』などでは北条早雲に仕《つか》えたとされていますが、江川英元は一五一三年（永正《えいしょう》十）生まれで、北条早雲は一五一九年（永正十六）に亡くなっているので、おそらく同世代の北条氏綱やその息子の北条氏康《うじやす》に仕えたと考えられます。

その江川英元の息子である江川英吉は一五四六年（天文十五）に生まれ、一六二五年（寛永《かんえい》二）に没したそうです。父と同じく北条家に仕官し、一五九〇年（天正十八）の豊臣秀吉《とよとみひでよし》による「小田原征伐《せいばつ》」では、領地のすぐ近くの韮山《にらやま》城（静岡県伊豆の国市）に籠城《ろうじょう》して「江川曲輪《くるわ》」（江川砦《とりで》のこと？）を守り、敵将の小笠原安次《おがさわらやすつぐ》を討《う》ち取ったといいます。ただし、小笠原安次はこの八年前に別の戦いで討死《うちじに》したと『寛政重修諸家譜』にあるので、真偽のほどは不明です。韮山城が落とされた後は、使者の朝比奈泰勝《やすかつ》（徳川家康《いえやす》の家臣）を介して、家康から領地をそのまま保証され、それ以降は徳川家臣となりました。この朝比奈泰勝は元今川家臣で、あの公家に江川酒をプレゼントした朝比奈泰能の一族なので、江川酒を通じての人脈が功を奏したのかもしれません。その後、一五九二年（文禄《ぶんろく》元）から始まった「文禄の役《えき》（第一次朝鮮出兵）」では、肥前名護屋《ひぜんなごや》城（佐賀県唐津《からつ》市）の近くの家康の陣地に江川酒を度々《たびたび》差し入れして非常に喜ばれたそうです。

さらに、その息子の江川英長も北条家に仕えていたのですが、使者としてなのか酒造屋の営業マンとしてなのかはわかりませんが、三河《みかわ》（愛知県）の家康を度々訪ねていたそうです。すると、笠原隼人《かさはらはやと》という北条家臣が、江川英長と家康との関係を疑って讒言《ざんげん》（告げ口）したため、怒った江川英長は笠原隼人を殺害。伊豆を離れて三河に逃れ、徳川家に仕えるようになったといいます。この笠原隼人という人物については詳細不明ですが、「北条五色備《ごしきぞなえ》」（116P参照）の白備担当の笠原能登守《のとのかみ》の一族かもしれません。数年後、家康と北条家が和睦《わぼく》を結ぶと再び北条家に仕えることを許されて伊豆に戻り、北条家の滅亡後は、父とともにまた家康の家臣となったそうです。江川英長の生年は一五六一年（永禄四）、没年は一六三二年（寛永九）と伝えられています。

家康もまた江川酒を非常に好んでいたようで、一五八七年（天正十五）には家臣の松平家忠《まつだいらいえただ》に江川酒をプレゼントしたことが『家忠日記』に残されています。江川英長が「酒部屋」を修理した時には、諸役《しょやく》（税）を半分にすることを許されるなどの特別待遇を受けています。そして『寛永諸家系図伝』によると、家康は「日本一の酒なるべし」と江川酒を大絶賛したといいます。

○酒だけじゃない、反射炉から日本初のパンまで

江川家は江戸時代に入ると、江戸幕府の天領《てんりょう》（直轄領）を治める代官を世襲で務め、代々「太《た》郎左衛門《ろうざえもん》」の通称を名乗りました。担当する地域は伊豆だけでなく、駿河《するが》（静岡県）や相模《さがみ》（神奈川県）、武蔵《むさし》（埼玉県・東京都）、さらには甲斐《かい》（山梨県）に及んだ時代もあるなど、伊奈忠次《いなただつぐ》（72P参照）と同じように、江戸幕府を支えた代表的な代官となりました。江戸時代後期になると〝世直し江川大明神《だいみょうじん》〟と讃《たた》えられた江川英龍《ひでたつ》（坦庵《たんあん》）が登場。早くから西洋式の軍学を取り入

れた江川英龍は、大砲を製造するために反射炉《はんしゃろ》を築造。これは現在「韮山反射炉」として世界遺産に登録されています。また、東京の「お台場《だいば》」という地名はマシュー・ペリー率いるアメリカの軍艦に対応するために江川英龍が中心になって築いた「品川台場」（十二基のうち、二基が現存）が由来となっています。他にも、兵糧《ひょうろう》用に〝日本で初めてパンを焼いた人物〟ともされていて、今では〝パン祖〟と称されています。そんな江川英龍の門下生には、佐久間象山《さくましょうざん》（勝海舟《かつかいしゅう》や坂本《さかもと》龍馬《りょうま》、吉田松陰《よしだしょういん》の師匠）や桂小五郎《かつらこごろう》（のちの木戸孝允《きどたかよし》）、黒田清隆《くろだきよたか》（第二代内閣総理大臣）など錚々《そうそう》たるメンバーがいるんです。

韮山には江戸時代の江川家の屋敷である「江川邸」が現存していて、大河ドラマなどのロケ地として使われています。主屋の中心部は一六〇〇年（慶長《けいちょう》五）頃に建てられたものですが、一部の資材はそれ以前のものと考えられていて、江川英元・英吉・英長が生きた時代の雰囲気を今もたっぷりと感じることができます。

一方、江川家を支えてきた江川酒ですが、江戸時代の半ば（一七〇〇年頃）に製造が終わってしまったようで、それ以降は飲むことができない〝幻の酒〟となっていました。ところが、製造が中断した頃に書かれたとされる『御手製酒之法書』という史料が二〇二〇年（令和二）に発見され、そこに記された製造方法をもとに約三百二十年ぶりに江川酒が復活しています。製造数が少ないため一般流通はしていませんが、瓶や箱のラベルには江川酒の名とともに「北条早雲公拝名　徳川将軍家献上」と記されていて、歴史のありがたみが増し増しです。名だたる武将たちの舌を唸《うな》らせた〝幻の江川酒〟！　いつか絶対飲んでみたい!!

陶　弘詮

鎌倉時代への〝オタク〟的情熱？
『吾妻鏡』収集に尽力した文化人武将

どんマイナーパラメーター	
統率力	★★★★
武勇	★★★
知略	★★★★
政治力	★★★★
コレクション力	★★★★★

○大内家の重臣として九州支配に尽力

二〇二二年に話題となったNHK大河ドラマ『鎌倉殿《かまくらどの》の13人』。面白かったですね～。主人公は小栗旬《おぐりしゅん》さん演じる北条義時《ほうじょうよしとき》。源　頼朝《みなもとのよりとも》の側近として鎌倉幕府の創設に貢献し、執権《しっけん》となって絶大な権力を握った御家人です。このドラマの脚本を手がけた三谷幸喜《みたにこうき》さんは「原作のようなもの」として『吾妻鏡《あずまかがみ》』の名を挙げています。『吾妻鏡』という史料は、鎌倉時代の後期（一三〇〇年頃）に幕府の関係者によって編纂《へんさん》されたと考えられている鎌倉幕府の正史（オフィシャル史料）です。ところが、鎌倉幕府の滅亡後に行方不明になってしまう巻もあって、不完全な状態になってしまったそうなんです。そのように散逸してしまった『吾妻鏡』をコレクションして現代まで伝えてくれた、ありがたい歴史好き武将が二人いました。

その一人が徳川家康《とくがわいえやす》です。家康は収集していた『吾妻鏡』を編纂して一六〇五年（慶長《けいちょう》十）に『新刊　吾妻鏡』として出版しているんです。となると『鎌倉殿の13人』の放送があったのは、奇《く》しくも翌年の大河ドラマ『どうする家康』の主人公となった家康のおかげとも考えられますが、実は家康が収集を始めるずっと前から『吾妻鏡』コレクターだった武将がいたんです。それが陶《すえ》弘詮《ひろあき》です！

「陶」という変わった名字は、拠点としていた周防《すおう》の陶（山口県山口市）という地名から付けられたもので、地名は古墳時代に須恵器《すえき》を多く生産していたことに由来しているそうです。もともとは主家である大内家《おおうち》の分家の分家にあたる一族です。大内家は室町時代から戦国時代にかけて西国《さいごく》屈指の勢力を誇った大大名で、周防を中心に中国地方や九州など六ヵ国を支配した時期もあったほど強大でした。そのルーツを辿《たど》ると、先祖は朝鮮半島の百済《くだら》の王族（琳聖太子《りんしょうたいし》）とされていて、聖徳太子の時代に百済から周防に上陸したことに始まるといいます。その大内家から右田《みぎた》家（由来は領地とした現・防府《ほうふ》市の右田）という分家が分かれ、さらにそこから陶家が分かれていきました。ちなみに、弘詮さんは一時期、右田家を継いでいたとされていて「右田弘詮」と紹介されたり、周防の朝倉《あさくら》（山口市）を領していたため「朝倉弘詮」と称したとされますが、残された書状には「陶弘詮」の名前しか確認できなかったのでそちらで統一します。

弘詮さんの生年は不明ですが、『大内氏実録』などによると、兄（陶弘護《ひろもり》）が一四五五年（康正《こうしょう》元）の生まれとされているので、それよりも後の誕生ということになります。また、当時の有名な連歌師《れんがし》である宗祇《そうぎ》が一四八〇年（文明《ぶんめい》十二）に弘詮さんの館を訪れていて、日記の『筑紫道記《つくしみちのき》』に「年廿《にじゅう》の程にて」（二十歳くらい）と記しているので、一四六〇年（長禄《ちょうろく》四）前後の生まれだったのかもしれません。また、宗祇はその続きに「其《そ》の様《さま》、艶《えん》に侍《はべ》れば、思うことなきにしも侍らで、覚えず勧盃《かんぱい》、時移りぬ」（その姿が優雅で美しく、思うことがないわけではなかったので、思いがけず酒が進み、長い時間が経っていた）とあるので、弘詮さんはどうやら〝史実イケメン〟だったようです。この宗祇が訪れたとされる弘詮さんの館が具体的にどこかは不明なのですが、場所は周防ではなく筑前《ちくぜん》（福岡県）でした。『筑紫道記』には木屋瀬《こやのせ》（北九州市）と長尾（飯塚市）の旅の間で立ち寄っているので、その間のどこかに立派な館があったようです。

当時の大内家のトップの大内政弘《まさひろ》は、周防や長門《ながと》（山口県）だけでなく筑前や豊前《ぶぜん》（大分県）の守護《しゅご》も務めていたため、九州を統治するために頼りになる重臣を派遣《はけん》していたんです。それが弘詮さんだったわけです。

弘詮さんは筑前の守護代《しゅごだい》（守護の代理人）を務める兄・陶弘護とともに九州を転戦。特に長年争っていた筑前の大名の少弐《しょうに》家との一四七八年（文明十）の戦いでは兄弟で大活躍し、大内政弘から「感悦《かんえつ》、是非《ぜひ》なく候《そうろう》」（非常に感謝している）と、その戦いぶりを絶賛する書状をもらっています。

○陶家内のトラブルでも孤軍奮闘

ところが、一四八二年（文明十四）に兄・陶弘護が、ずっと不仲だった同僚（吉見《よしみ》信頼《のぶより》）に宴会中に殺害される事件が勃発《ぼっぱつ》。跡を甥《おい》・陶武護《たけもり》（弘護の子）が継ぎますが、まだ若かったため弘詮さんが後見役《こうけんやく》となり陶家を差配《さはい》。足利義尚《あしかがよしひさ》（室町幕府九代将軍）から大内家に上洛《じょうらく》命令があった際には、甥の名代《みょうだい》として上洛したそうです。一方で、筑前の平定も担当しているわけですから、まさに激務ですね。しかも、その後も陶家はトラブル続き。一四九二年（延徳《えんとく》四）には当主の陶武護が、京都にいる時にいきなり出家して仕事を放棄。陶興明《おきあき》（陶武護の弟）が継いで弘詮さんが後見しますが、その三年後に陶武護が突然帰国すると興明を殺害してしまうのです。なんてことを！　そして、陶武護は大内義興《よしおき》（新当主となった義弘の子）に取り入ろうとしますが、他の家臣への讒言《ざんげん》（告げ口）がバレて成敗《せいばい》（高野山《こうやさん》に逃れたとも）。そのため、陶家は陶興房《おきふさ》（武護と興明の弟）が継いだのですが、こちらも叔父《おじ》の弘詮さんが後見となっています。これはもう〝世も陶〟？　私が弘詮さんだったら、何もかも仕事を投げ出していますね（笑）。

あ、ちなみに、戦国好きの方は「陶」といえば陶晴賢《はるかた》（隆房《たかふさ》）をご存じかもしれません。『大内義隆《よしたか》記』によると、男色《だんしょく》を好んだ大内義隆（義興の子）から恋慕《れんぼ》されたとされる側近で、一五五一年（天文《てんぶん》二十）に大内義隆に謀反《むほん》を起こして自害に追い込む「大寧寺《たいねいじ》の変」を起こして大内家を乗っ取ったものの、一五五五年（天文二十四）の「厳島《いつくしま》合戦」で毛利《もうり》元就《もとなり》に敗れて自害した人物です。この陶晴賢が先ほど登場した陶興房の息子で、さらに陶興房の妻は弘詮さんの娘にあたります。

「大寧寺の変」の時、弘詮さんはすでに亡くなっていますが、息子・陶隆康《たかやす》と孫・陶隆弘《たかひろ》（隆康の子）は同族の陶晴賢には味方せず、大内義隆に最後まで従って討死《うちじに》。残された陶鶴千代丸《つるちよまる》（隆弘の弟。弘詮の孫）がのちに毛利家の家臣となって宇野元弘《うのもとひろ》と名乗っています。そして、この宇野元弘が毛利家に献上し、現代まで伝えられているのが、弘詮さんがコレクションした『吾妻鏡』なんです！

○「吉川本」として遺された『吾妻鏡』の価値

弘詮さんの『吾妻鏡』はその後、毛利一族である岩国《いわくに》城(山口県岩国市)の吉川《きっかわ》家に伝来したことから、通称で「吉川本」と呼ばれています。そのため弘詮さんの名はほとんど知られていませんが、本書を読んだ方は密《ひそ》かに「弘詮本」「陶本」「右田本」「朝倉本」などの名で呼んでいただきたいです(笑)。

この〝弘詮本〟は、家康が伝えた『吾妻鏡』などにはない記述も多く、原本に近い最善本と考えられています。その奥書《おくがき》(巻末に記された由来)には、弘詮さんの言葉(原文は漢文)で以下のように記されています。

この『関東記録』、号(通称)『吾妻鏡』は、文武諸道の亀鑑《きかん》(模範)である。年来耳に触《ふ》ると雖《いえど》も(長年、噂《うわさ》には聞いていたが)、世には流布《るふ》していなかったため、ついに一目も見ることができなかった。既に達し難《がた》き宿望だったところ、文亀《ぶんき》(一五〇一〜〇四年)の初めに思いがけず、便宜《べんぎ》よろしく(都合良く)写本を得ることができた。まず現在ある分の四十二帖《じょう》(巻)を数多《あまた》の筆力をもって頓《とみ》に(すぐに)書き留め終わった。凡《おおよ》そ、年譜の前後は治承《じしょう》四年(一一八〇)から文永《ぶんえい》三年(一二六六)に至るが、不足分が廿《にじゅう》余年に及ぶので、散在の本を悉《ことごと》く得るため、洛陽《らくよう》(京都)・畿内・東国・北国の諸家、あるいは経巡《へめぐ》る知音《ちいん》の僧徒(あちこちを巡礼する知り合いの僧侶)、あるいは往還する遊楽の賓客《ひんきゃく》(行楽のために旅をする貴人)などに尋《たず》ねて捜すことを怠《おこた》らなかった。その功が空かなかったゆえ(働きを続けたため)か、闕《けつ》帖(欠けた巻)

も漸々《ぜんぜん》（だんだん）少なくなり、今をもって一筆書き写す。右の四十二帖に加えて、惣《そう》じて（全部で）年譜一帖を含む四十八帖である。この執着や苦労、遠慮（先を見通した考え）は深甚《しんじん》（非常に深いこと）である。向後《こうご》（今後）にたとえ望む人が有りと雖も（見たいと望む人がいても）、披見《ひけん》（開いて見せること）は赦《ゆる》さない。暫時《ざんじ》（わずかな時間）と雖も室内を出してはならず、況《いわ》んや（ましてや）他借《たしゃく》や書写はなおさらならない。もし子孫においてこの掟《おきて》に背《そむ》く者がいれば、不孝深重《しんじゅう》の輩《やから》（かなりの不孝者）である。自身が読むことにおいては、十二時中《どき》と雖も（二十四時間読むとしても）庶幾《こいねが》うところである。よってこれを記し置く、意旨は件《くだん》の如《ごと》し（考えは右の通り）。

大永《だいえい》二年（一五二二）九月五日　安《あ》房前司《わさきのつかさ》弘詮

これは、弘詮さんが亡くなる前年に記されたもので、文化人武将だった弘詮さんのオタク熱が感じられる素敵な文章ですね。安房前司は「前の安《あ》房守《わのかみ》」という意味で、安房守は弘詮さんが名乗っていた官職名です。

〃弘詮本〃が伝わった吉川家は弘詮さんの子孫ではないですが、奥書にある通り、江戸時代には門外不出の秘蔵とされていました。その後、一九一一年（明治四十四）に、吉川家が東京帝国大学史料編纂掛《へんさんがかり》（現・東京大学史料編纂所）に貸し出したことで初めて存在が知られるようになりました。そこから『吾妻鏡』の研究がさらに発展していき、『鎌倉殿の13人』をはじめとする、同時代を描いた数々の小説やドラマの誕生に繋《つな》がっていったのです。弘詮さん、ありがとう!!

禰寝重長

日本原産・温州みかんを初めて栽培！
意外な〝副業〟で名を残す南国の武将

どんマイナー
パラメーター

統率力	★★★★
武勇	★★★★
知略	★★★★
政治力	★★★★
みかん栽培力	★★★★★

○肝付家と島津家の間の巧みな遊泳術

「禰寝重長」――。初見じゃ読めませんよね（笑）。「ねじめ・しげたけ」と読みます。

禰寝は「根占」や「祢寝」とも書くのですが、「根占」は現在も鹿児島県の大隅《おおすみ》半島の地名として使われています。場所は鹿児島のシンボルの桜島《さくらじま》から約四十キロ南にある地域で、禰寝家は鎌倉時代からその一帯を治めていたとされる一族です。重長さんはその十六代目にあたるお方で『吉利《よしとし》郷土史』によると一五三六年（天文《てんぶん》五）生まれなので九戸《くのへ》政実《まさざね》（28P参照）とタメということになります。あ、下の名前の読みですが、史料によっては「重武」と登場するので「しげなが」ではなく「しげたけ」だと考えられています。

この重長さんは武士でありながら、本格的な〝みかん農園〟を開いていたといいます。そこで作られていたのが種なしの〝温州《うんしゅう》みかん〟。温州と名が付いていますが、実は日本が原産地です。現在は〝みかん〟というと、一般的に温州みかんを指しますが、その栽培のスタートは、なんと大隅の国衆《くにしゅう》だった重長さんだったというのです。

さて、まず重長さんがどんな武将人生を歩んだのかをご紹介！

薩摩《さつま》（鹿児島県）というと有名なのは島津《しまづ》家ですね。禰寝家も当初は島津家に従っていましたが、当時の島津家は御家騒動が起きたりしてまだ不安定な状況だったため、生き残りのために鞍替《くらが》え。重長さんの代になると、肝付《きもつき》（鹿児島県肝付町）を拠点に勢力拡大していた肝付家や、日向《ひゅうが》（宮崎県）の名門である伊東《いとう》家に従って、島津家に対抗するようになります。

『根占郷土史』などによると、一五六一年（永禄《えいろく》四）には肝付兼続《かねつぐ》が島津方の廻《めぐり》城（鹿児島県霧島市）を攻略した戦いにも参戦。肝付&重長さん方は島津忠将《ただまさ》（島津家の当主・島津貴久《たかひさ》の弟）を討《う》ち取るなど大勝利を収めています。ちなみに、島津貴久の息子が有名な〝島津四兄弟〟（義久《よしひさ》、義弘《よしひろ》、歳久《としひさ》、家久《いえひさ》）です。

一五七一年（元亀《げんき》二）には根占の対岸にある摺《すり》ヶ浜《はま》（鹿児島県指宿《いぶすき》市）へ侵攻。〝四兄弟〟の一人、島津義久の軍勢が到着して反撃にあったものの、重長さんは田んぼの畦《あぜ》で平然と飯を食べたといいます。メンタル強すぎ（笑）。さらに、戦闘中には矢が命中したものの、その矢を引っこ抜いて合戦を続けて、根占に撤退《てったい》したそうです。

島津家との抗争を続けた重長さんですが、一五六六年（永禄九）に肝付兼続、五年後に息子・肝付良兼《よしかね》が相次いで死去したこともあり肝付家の勢力は衰退。『明赫記《めいかくき》』（江戸時代中頃の薩摩藩士による記録）によれば、一五七三年（天正《てんしょう》元）に島津家からの誘いがくると、「肝付と相隔《あいへだ》たれば、禰寝は必ず自滅する」と一旦は断ったものの息子（肝付重張《しげひら》）を島津家の娘と結婚させるという条件で説得に応じ、島津家に再び従うことにしました。直後に報復として肝付家から根占を攻められていますが、島津義久の援軍もあって撃退することに成功しています。

○日明貿易、琉球支配……商才ある戦略家

それ以降、島津家に従って肝付家との戦いで武功を挙げた重長さんは、一五八〇年（天正八）に四十五歳で亡くなりました。菩提寺《ぼだいじ》の宝屋寺《ほうおくじ》（鹿児島県南大隅町）に葬《ほうむ》られ、現在は寺跡に重長さんをはじめとする「祢寝氏累代《るいだい》の墓」が立ち並んでいます。また、息子が創建した鬼丸《おにまる》神社（鹿児島県日置《ひおき》市）の祭神は重長さんであり、慶長《けいちょう》年間（一五九六～一六一五）に製作された重長さんの木像が伝えられています。

その後、禰寝家は島津家の重臣として名を連ね、江戸時代中頃には「小松」と改名して明治維新まで続きます。小松の名は、禰寝家の先祖とされる平重盛《たいらのしげもり》（清盛《きよもり》の長男）が「小松殿」と呼ばれていたことに由来すると考えられています。一族の末裔《まつえい》には、薩長同盟締結の功労者である薩摩藩の家老・小松帯刀《こまつたてわき》（清廉《きよかど》）や、なんと加山雄三《かやまゆうぞう》さんや武豊《たけゆたか》さんなどがいます。

そして、本題です！　重長さんが温州みかんの栽培を始めたという逸話は様々な史書に登場しますが、ここでは『三国名勝図会』（江戸時代後期に島津家が編纂《へんさん》）の一文を抜粋《ばっすい》してみます。

橘山　小根占《こねじめ》村川北にあり、この地、古昔に禰寝重長が別業として、漢土（中国）の温州橘（みかん）を植え置きたり。

また「温州橘」の説明として「温州橘は今、本藩（薩摩藩）にも所々植えている家がある。その色や味は尋常《じんじょう》の橘とは異なる」とも書いてあります。温州みかんは江戸時代には中国から伝来したものと考えられていましたが、その後、原産地は長島（鹿児島県長島町）だと考えられるようになりました。室町時代に伝わったミカンから偶然誕生したそうで、近年の遺伝研究によって種子親（母）は中国が原産の小ミカン（キシュウミカン）で、花粉親（父）は東南アジアが原産のクネンボという種類だということがわかっています。

重長さんはその栽培を〝別業〟（副業）としていたというのが面白いですね（笑）。なんでも重長さんは、いち国衆でありながら日明貿易を行うなど、商人としての才能もあったようですから、突然発生したばかりの温州みかんを根占の名産品にして貿易で一儲《ひともう》けしようと考えていたのかもしれません。また、『吉利郷土史』には重長さんは「商人を琉球《りゅうきゅう》国（沖縄県）に遣《つか》わして、琉球の支配を狙《ねら》った」とも記されています。

江戸時代に温州みかんは〝種がない〟ことから子孫繁栄に繋《つな》がらずに縁起が悪いと考えられていたようで、季節の行事や儀式などで使われなかったためあまり普及しなかったようですが、明治時代以降に各地で栽培が盛んとなり、海外でも人気を博すようになります。海外での呼び名は「Satsuma（サツマ）」もしくは「Satsuma Mandarin（サツマ・マンダリン）」。この名は重長さんが由来と言いたいところですが、橘山は江戸時代中頃には廃《すた》れてしまっていたようで、直接の繋がりはありません。これは一八七六年（明治九）にアメリカに温州みかんの苗《なえ》が運ばれた際に、薩摩地方から送られたことに由来するそうです。その後、愛知県（尾張《おわり》）からも運ばれるようになり「Owari Satsuma（オワリ・サツマ）」などとも呼ばれるようになっています。
そういえば、一六一〇年（慶長十五）十月二十二日に島津義久が根占に小旅行に来たようで、重長さんの橘山の跡地に訪れて、近くの園林寺《おんりんじ》で歌を詠《よ》んだといいます。『三国名勝図会』にはこうあります。

いにしえ、重長といいし人の、温州の橘山とて植そだて置かれし所に行いて、これを詠《えい》す

印龍伯法

「時ならぬ　冬まで残る　木の本は　これや常世《とこよ》の　やどの橘」

つまり「思いがけず冬まで残った木々は、これこそいつまでも続く宿の橘なのだろう」という意味になるでしょうか。前文の〝印龍伯法〟はおそらく〝龍伯法印〟、島津義久のことです。また〝いにしえ〟とあるのですが、重長さんは島津義久に仕えていて、重長さんが亡くなったのはたった三十年前ですから、ちょっと言い過ぎですね（笑）。禰寝家の菩提寺である園林寺の跡地は南大隅町の根占川南に残り、橘山の場所は不明ですが『三国名勝図会』に「地頭館（現・神山小学校）から卯方《うかた》（東方）六町《ちょう》余（六百五十四メートルちょっと）」とあるので、園林寺跡から見て雄川《おがわ》の対岸にあったと思われます。Googleマップや Googleアースで見てみると今は水田になっているようですが、ここに重長さんの幻のみかん畑があったと思うと大興奮です！　この楽しさ、どうかあなたにも伝われ〜！

十河一存

独特のヘアスタイルで一世を風靡！
戦国を駆け抜けたファッションリーダー

どんマイナーパラメーター

統率力	★★★★
武勇	★★★★★
知略	★★★
政治力	★★★
インフルエンサー度	★★★★★

○傷口を塩で応急処置した〝鬼十河〟

戦国武将たちは自分の存在を戦場で強烈にアピールするために、「変わり兜《かぶと》」と呼ばれる個性的なデザインの兜を着用したり、幟旗《のぼりばた》や馬印《うまじるし》にも独特な装飾やイラストを用いたりしていました。その中で、讃岐《さぬき》（香川県）を中心に流行《はや》ったというヘアスタイルが伝えられています。それが「十河額《そごうびたい》」です。

十河額とは、江戸時代末期の『野史《やし》』（『大日本野史』）によると「髪を抽《ぬ》いて額を作り、耳の後ろに至る」髪型だったらしいので、侍におなじみの月代《さかやき》（生え際から頭頂部にかけて髪を除いた部分）が後頭部まであったということになります。ちなみに、月代の部分は剃刀《かみそり》で〝剃《そ》る〟と思われがちですが、十河額の解説にあるように江戸時代のはじめ頃までは毛抜きで〝抜く〟のが一般的だったようです。想像するだけで激痛です。

この月代を流行させたのが、讃岐の十河城（香川県高松市）の城主だった十河一存《かずまさ》といわれています。十河家は室町時代のはじめ頃から活動が見られる讃岐の国衆《くにしゅう》で、戦国時代になると阿波《あわ》

（徳島県）から勢力を伸ばしていた三好《みよし》家と手を結んで養子を迎えています。この養子が一存さんです。一存さんは、織田信長よりも先に〝天下人《てんかびと》〟となった三好長慶《ながよし》の四弟で、三人の兄たちに従って各地を転戦し、武功を挙げました。一七一九年（享保四《きょうほう》）に出版された『南海通記《なんかいつうき》』によると、一五三二年（天文元《てんぶん》）に近隣の寒川元政《さんがわもとまさ》を攻めた時、敵将（鴨部神内左衛門）が繰り出した槍《やり》が一存さんの左腕を貫通。しかし、一存さんはその槍を太刀《たち》でへし折ると、そのまま敵将を討《う》ち取ります。大怪我《おおけが》を負った一存さんでしたが、その傷口になんと塩を塗り込み、藤の蔓《つる》を巻いて止血して帰陣。この出来事以降、人々は一存さんのことを〝鬼十河〟と呼ぶようになったといいます。槍が貫いた傷口に塩……聞いているだけで気絶しそうです。

また、『野史』によると、一存さんは「容貌魁偉《ようぼうかいい》」（体つきが人並外れて大きく逞《たくま》しいこと）だったことから〝夜叉《やしゃ》十河〟（夜叉＝古代インド神話の鬼神）とも呼ばれていたともいいます。そんな勇ましい一存さんに、世の男たちは憧《あこが》れたのでしょう。貝原益軒《かいばらえきけん》（江戸時代中頃の学者）がまとめた『和爾雅《わじが》』には、「十河額」は「蓋《けだ》し（思うに）一存の壮貌《そうぼう》（見た目）を摸《も》す形（真似《まね》た姿）なり」と記されているように、一存さんを真似《まね》したヘアスタイルが流行したみたいなんです。

○時を超えて江戸時代にも流行した十河額

ただし残念ながら、戦国時代当時の「十河額」の記録は残っておらず、戦国時代の話として登場するのは一六六三年（寛文三《かんぶん》）に出版された『三好記』という軍記物の中です。そこには、一五七八年（天正六《てんしょう》）に風流踊《ふうりゅうおどり》（コスプレして集団で踊る踊）が行われた時に「大踊《おおおどり》をする六十～七十人が〝十河額〟をしていた」と書かれているんです。大踊はおそらく大人の男性の踊りだと考えられるので、成人男性はみんなおそろいで十河額をしていたということになります。この風流踊が行われた時に一存さんはすでに亡くなっているのですが、一存さんの後継者の十河存保《まさやす》（一存の甥《おい》、養子）が見物に来ているので、もしかしたら「義父上《ちちうえ》の髪型、甚《はなは》だ流行っておる！」というようなことを思ったかもしれませんね。

そんな十河額の流行が〝史実〟として確認できるのは江戸時代のはじめ頃です。一六七八年（延宝《えんぽう》六）出版の『色道大鏡《しきどうおおかがみ》』という、全国各地の遊郭《ゆうかく》の文化や習慣をまとめた史料に、「十川《そごう》額」（十河額）のことが記されています。この著者の藤本箕山《ふじもときざん》は三十年以上にわたって諸国の遊郭を巡った体験を踏まえて書いているので、江戸時代初期に十河額が広まっていたのは確定的です。

ところが意外なことに、十河額は男性用の髪型ではなく〝女性に流行った髪型〟として登場しているんです。そこには「鬢《びん》づら（髪の毛）が薄き人は十川額にもとる（都合が良い）。年長《た》けたる（年齢を重ねた）女郎《じょろう》は苦しからず（支障がない）」とあり、「十川額という事、むかし十川氏の男子とり始めたる額の形《なり》なり。さりけれど女の額に用い来《きた》りて、中比《なかごろ》（少し昔）まで女中これを好《この》めり。今も良きにはあらねど、置墨《おきずみ》黒くせんよりは、まさるべきか」と続きます。もともと十河家の男性の発祥だと考えられていた十河額が、江戸時代初期には遊郭の女性の中で流行したようです。この時には置墨（頭髪の生え際などが濃く見えるように、墨で黒く化粧をすること）よりもましだけど、そこまでオシャレではない髪型だったみたいです。しかし、女性が後頭部まで髪を剃り込むヘアスタイルが広まっていたとは、現代人もビックリの素晴らしい多様性の時代ですね。

それからさらに時代は下り、一八三〇年（文政十三《ぶんせい》）に出版された当時の文化や風習をまとめた『嬉遊笑覧《きゆうしょうらん》』にも十河額の記述が登場していて、そこには次のような詳しい形状が記されています。「その形は円《えん》からず、方《ほう》ならず、撫角《なでかく》というものの如《ごと》くならん」。つまり「月代は円形でも方形でもなく、角に丸みを帯びた撫角」だったそうなんです。もし十河額へのヘアスタイル変更をご検討中でしたら、参考にしてみてください！

○兄・三好長慶を支えた忠義の猛将

一存さんは、三好家の讃岐支配のトップとして君臨し、先ほどの寒川家との戦いなどで活躍。讃岐以外にも兄・三好長慶の畿内での戦いにも従軍しています。一五四九年（天文十八）の「江口の戦い」（大阪市東淀川《よどがわ》区）では、淀川を果敢に渡って、父（三好元長《もとなが》）の仇《あだ》である分家の三好宗三《そうさん》（三好三人衆の三好宗渭《そうい》の父）のいる江口城を攻撃。三好宗三は一時期、まるで天下人のごとく権勢を振るっていたキーパーソンでしたが、ついに追い詰められ討死《うちじに》をしています。この時、敵軍の総大将の細川晴元《ほそかわはるもと》は、実はもともと三好長慶の主君であり、室町幕府の管領《かんれい》（将軍の補佐役）を務めた有力者でした。『足利季世記《あしかがきせいき》』によると、三好内部の対立から細川晴元と敵対することになってしまった三好長慶は、直前まで「重代《じゅうだい》の主《あるじ》を討ったら、天の罰はどれほどになるだろう」と、主君と戦うことを悩んでいたようですが、そんな兄の気持ちを察してか、下知《げち》を待つことなく出陣して勝利に導いたのが一存さんだったといいます。

その翌年、江口の戦場から近江《おうみ》（滋賀県）に逃れていた細川晴元が、再起を図って京都に進軍。

三好長慶は一万八千の大軍でこれを迎え撃ち、京都市街地での戦闘も行われています。その時に三好軍の主力を率いていたのが、三好三人衆の三好長逸《ながやす》（130P参照）とその子・三好長虎《ながとら》、そして一存さんでした。当時の公家（山科言継《やましなときつぐ》）の日記の『言継卿記《きょうき》』には「三好弟 十河民部大夫《みんぶのたいふ》（一存）」らが率いていたと記されています。ちなみにその続きには「弓介《きゅうすけ》（三好長虎）の与《よ》力《りき》（家臣）が一人、鉄砲に当たり死んだ」と書かれていますが、これが〝日本史上初の火縄銃《ひなわじゅう》による戦死者の記録〟とされています。鉄砲伝来から七年後の出来事ですね。

その後も、兄が牽引《けんいん》する三好政権を支え、根来寺《ねごろじ》の僧侶が記した一五五八年（永禄《えいろく》元）十二月十二日の『浄心院快栄《じょうしんいんかいえい》書状』には「一存　岸和田《きしわだ》入城」とあるので、和泉《いずみ》の岸和田城（大阪府岸和田市）も任されていたようです。ちなみに、この記録が岸和田城の初出の史料でもあります。

しかし、その三年後の一五六一年（永禄四）に一存さんは病死してしまいます。十河城跡に建つ称念寺《しょうねんじ》の墓によると三月十八日に死去した（他に四月二十三日説もある）ようで、この年の『伊《い》勢《せ》貞助記《さだすけき》』（室町幕府の家臣の日記）の五月一日の記事には「十民（十河民部大夫の略）死去之儀」とあるので、この少し前に死去したと考えられます。

○その死にちらつく謀略家・松永久秀の影

この一存さんの最期《さいご》についてですが、なんとも〝あやしい説〟が伝えられています。『足利季世記』などによると、一存さんは「瘡《かさ》」（腫《は》れ物）を患《わずら》ったため当時から有名だった有馬《ありま》温泉（兵庫県神戸市）へ湯治《とうじ》に向かおうとしたそうです。ところがこの時、松永久秀《まつながひさひで》（兄・三好長慶の側近）

が「有馬温泉の権現《ごんげん》（神）は、葦毛《あしげ》（灰色の毛）の馬をお咎《とが》めする（嫌がる）神なり。この馬は無用」と一存さんに助言します。一存さんは松永久秀を「常に不快」に思っていたこともあり、助言を無視。葦毛の馬に乗って湯治をした後に登山をしていると、なんと突然「落馬ありて忽《たちま》ち死去」してしまったそうです。そして、これは「不思議」なことで「運命尽きる」といっても「あえなき（あっけない）」最期だったと締めくくられています。

この『足利季世記』の記述は「永禄三年十二月」の出来事とされていて、実際に死去した時期とは三～四ヶ月ほどズレているので、どこまで史実を捉《とら》えているのかは不明です。しかし、この翌年には一存さんの次兄の三好実休《じっきゅう》が討死《うちじに》し、三年後には三兄の安宅冬康《あたぎふゆやす》が長兄の三好長慶に謀《む》反《ほん》を疑われて殺害され、そのすぐ後に三好長慶自身も病死しているのに対して、三好家でますます権力を握っていった松永久秀……。創作感が強いエピソードではありますが、あやしげな謀略《ぼうりゃく》家《か》の松永久秀と、それと不仲だったという武闘派の一存さんというわかりやすい対比は「何かあったに違いない」と思わせるのに十分すぎる条件が揃《そろ》っていますね。

別の展開にするとしたら、「三好家中でカリスマな一存さん。本当は仲良くしたいけどコミュ障でうまくいかない松永久秀。実は流行していた十河額にもしたかったけど、不仲だし自分のキャラもあるから十河額にできない。だから、こっそりと十河額にしてみた時の自画像を書いてみたら、一存さんに見られそうになる」みたいな描き方とかだと、今までにないカワイイ展開になりそうです。そうなると、最後の「葦毛の馬」も見え方が変わってきて、泣けるシーンに変貌《へんぼう》を遂げるかもしれません。

鈴木金七

鳥居強右衛門だけにあらず!? 決死の任務を努めた〝じゃない方〟の英雄

どんマイナーパラメーター

統率力	★
武勇	★★★★
知略	★★
政治力	★
じゃない方感	★★★★★

○もう一人いた「長篠の戦い」の伝令

この本を執筆している時点で放送されているNHK大河ドラマは、徳川家康《とくがわいえやす》（演：松本潤《まつもとじゅん》さん）が主人公の『どうする家康』です！　ドラマは一五六〇年（永禄《えいろく》三）の「桶狭間《おけはざま》の戦い」の少し前から描かれていましたが、執筆真《ま》っ只中《ただなか》の五～六月には武田信玄《たけだしんげん》やその息子の武田勝頼《かつより》との戦いに移り、ちょうど鈴木金七《すずききんしち》のことを書こうとしたタイミングで「長篠《ながしの》（設楽原《したらがはら》）の戦い」に突入したので、私ごとですが、今テンション高めです。

一五七五年（天正《てんしょう》三）の「長篠の戦い」は、家康が援軍の織田信長《おだのぶなが》とともに火縄銃《ひなわじゅう》を大量に用いて、武田勝頼を破った合戦です。そのキッカケとなったのは長篠城（愛知県新城《しんしろ》市）。当時の城主・奥平信昌《おくだいらのぶまさ》は武田家から徳川家に寝返ったため、武田勝頼は自ら大軍を率いて長篠城を包囲。奥平信昌は懸命に防戦しますが、兵糧《ひょうろう》がすぐに不足、長篠城は窮地《きゅうち》に立たされてしまいます。

そのピンチを救ったとされるのが鳥居《とりい》強《すね》右《え》衛門《もん》というヒーローです。実在は確認されていないものの、江戸時代はじめから様々な史料（『信長記《しんちょうき》』や『三河《みかわ》物語』など）に登場してくる奥平家の家臣です。史料によって演出は結構異なりますが、大まかな内容は次のようなものです。

長篠城への救援を家康や信長に依頼するため、鳥居強右衛門は命懸けの伝令係を名乗り出ると、武田軍によって幾重《いくえ》にも厳重に取り囲まれた長篠城から五月十四日に脱出。合図の狼煙《のろし》を上げて長篠城の士気を上げると、五月十五日の晩に岡崎《おかざき》城（愛知県岡崎市）に到着し、家康と信長に長篠城の戦況を報告。再び長篠城へ向かったものの、五月十六日の晩に武田軍に見つかって捕縛《ほばく》される。武田家は鳥居強右衛門に「援軍は来ないから、城を早く明け渡すように」伝えるよう命じるが、強右衛門は「援軍は二～三日のうちに来る」と大声で長篠城に伝達。怒った武田軍によって磔《はりつけ》にされて死去。鳥居強右衛門の伝令により長篠城は落城することなく持ち堪《こた》え、信長と家康の援軍が到着し「長篠の戦い」の勝利へと繋《つな》がった。

このエピソードは、江戸時代だけでなく、なんと一九一〇年（明治四十三）の小学校の教科書（『尋常《じんじょう》小学読本』）にもガッツリと取り上げられています。『どうする家康』では、歌手の岡崎体育《おかざきたいいく》さんが演じていて、丸々一回分の放送が鳥居強右衛門メインだったため、SNSのトレンドワードの上位に「鳥居強右衛門」がランクインするなど、その名がさらにメジャーとなりました。

しかし実は、長篠城から派遣された決死の伝令係は、鳥居強右衛門だけではなく〝もう一人いた〟と伝えられているんです！　その人物こそが鈴木金七（金七郎、重正《しげまさ》）です！

○魚のスズキと勘違いされた(?)鈴木金七

伝説の伝令係として金七さんが登場するのは、江戸時代中頃の史料です。一六八五年（貞享《じょうきょう》二）頃に完成した『総見記《そうけんき》』（信長の一代記。『織田軍記』とも）や、一六八六年（貞享三）完成の『武徳大成記《ぶとくたいせいき》』（徳川綱吉《つなよし》の命《めい》で編纂《へんさん》された家康の一代記）に「鈴木金七」の名が記されています。

『総見記』によると、金七さんは「水練《すいれん》の勇士」だったことから、主君の奥平信昌が鳥居強右衛門に同行させたそうです。二人は城の西側の岸壁を下って川の中に入ると、二人とも「本《もと》より水に達者」で「川の案内（事情）は能《よ》く知ったり」ということだったので、武田軍が川底に設置していた縄を小《こ》脇差《わきざし》を使って切りながら進んでいったようです。途中で武田軍が仕掛けた鳴子《なるこ》網《あみ》を潜《くぐ》り抜けようとした時に引っ掛かり、「からから」と音がなって見張りの武田軍にあやしまれてしまいましたが、一人の兵士が「今比《いまごろ》、五月雨《さみだれ》の時分、斯様《かよう》の大河には必ず大鱸《おおすずき》の通るものなり。それなるべし」と、魚のスズキが通ったと勘違いしてみんなでスルー！　二人は武田軍の包囲を突破することができたといいます。実は「鈴木」という名字は「鱸」とも表記されることがありましたし、水泳が得意だった金七さんはガタイも良かったでしょうから、武田軍の兵士が言うように「大鱸」が通っていたことは間違いありませんね（笑）。

川から上陸した二人は「かんぼう峠《とうげ》」（雁峰山《かんぼうやま》）に登って合図の狼煙を上げると長篠城内は歓喜。その後、二人は岡崎城に辿《たど》り着き、信長と家康に戦況を伝達。岡崎城に残ることを提案されますが、援軍が来ることを奥平信昌に伝えるため長篠城に戻ろうとします。その途中、金七さんは奥平貞能《さだよし》（奥平信昌の父）に戦況を伝え、「跡《あと》から追いつき申さん」（後から追いつこう）と、鳥居強右衛門と別れたそうです。この後、鳥居強右衛門は先述のように処刑されますが、金七さんに関する記述は別れたところで途絶えています。

『武徳大成記』では、金七さんは鳥居強右衛門が伝令を終えて磔にされた後に〝二人目の伝令〟として十八日の夜に密《ひそ》かに長篠城を脱出。『総見記』と同じように川を泳いで武田軍の包囲を突破し、長篠城の約五キロ西にあった極楽寺《ごくらくじ》（現在は廃寺）に陣を張っていた信長に謁見《えっけん》。奥平信昌から託された書状を渡しました。そこには「勝頼、急に攻めるは、城中鐘《かね》を鳴らして告げん。城、尚《なお》固く守るに足れり。急に救わんとして軽《かろ》しく戦《いくさ》して敗《ま》けを取らるることなかれ」と書かれていたといいます。つまり「いきなり攻めてきたら城の鐘を鳴らします。城はまだしっかりと守ることができます。急に救おうとして軽々しく戦をしかけて負けることがあってはいけません」と伝えたのです。カッコいいですね、奥平信昌。この金七さんの伝令を受けて、信長も家康も大いに喜んだそうです。これが金七さんの登場シーンとなっています。

『作手《つくで》村誌』や『南設楽郡誌』などによると、金七さんは「長篠の戦い」の後に作手村の大田代《おおだしろ》（愛知県新城市）に隠居《いんきょ》。武士をやめて百姓になったと伝えられています。一六〇二年（慶長《けいちょう》七）に松平忠明《まつだいらただあきら》（奥平信昌の子）が亀山《かめやま》城（新城市）の城主となった際には、忠明が金七さんのもとを訪ね、「長篠の戦い」での武功に改めて感謝し、二百石《こく》を与えたといいます。

○実在は間違いないが、役目には異説あり

他に金七さんのことが記された史料には、「長篠の戦い」に実際に参戦した阿部四郎兵衛《あべしろうべえ》とい

う武士が残したとされる『長篠日記』があります。こちらは当時の日記ですから「超一級史料じゃん！」となりそうですが、その原本は存在していません。伝承によると、原本を「長篠の戦い」の三年後の一五七八年（天正六）に書写。その写本（こちらも残っていない）を一七三一年（享保十六《きょうほう》）に書写したバージョン（タイトルは『長篠軍談記』）や、明和年間《めいわ》（一七六四〜七二）に書写したバージョン（タイトルは『三陽長篠合戦日記』）などが今に伝えられているようです。内容についても『信長記』や『総見記』など、江戸時代はじめから中頃までの軍記物に影響を受けたと考えられる箇所や数字を〝盛っている〟箇所が多く見られます。そのため『長篠日記』は江戸時代中頃以降の史料ではないかと思われます。

その中では、鳥居強右衛門が伝令係に名乗り出ると、奥平信昌が「一人にては心許《こころもと》ない」「鈴木金七こそ水練上手なり。その上、物馴《な》れし者」ということで、泳ぎが得意のベテランの金七さんを同行させたといいます。『総見記』と同じように「水泳→包囲突破→かんぼう峠で狼煙→岡崎城で信長と家康に謁見→二人で長篠城に戻ろうとする」という展開は一緒で、二人が長篠城に近づいたところで、金七さんが「中々、城に入り為し難《な》《がた》し」（城に入るのはなかなか難しい）と考えて「是《これ》より帰り立ち、貞能（奥平信昌の父）へ申し上ぐべき（申し上げよう）」ということで、鳥居強右衛門と「道にて互《たがい》に詮議《せんぎ》して」別れたと記されています。

実在が確認できない鳥居強右衛門に対して、金七さんは一五八〇年（天正八）三月二十日に書かれた『松平真乗家臣名覚《さねのりかしんめいおぼえ》』のリストに「鱸金七郎」（鈴木金七郎）とあり、一五七七年（天正五）の白山社の古文書にも「田代村　氏子　金七郎」（名字が記されていないので金七さん本人であるとは確定できないが）とあるので、実在した人物のようです。ちなみに、徳川家の家臣である松平真乗は、大給《おぎゅう》（愛知県豊田市）がルーツの大給松平家の当主で、「長篠の戦い」では武田軍の陣城《じんじろ》だった鳶《とび》ヶ巣山砦《すやまとりで》を奇襲して武功を挙げ、戦いの後は武節《ぶせつ》城（豊田市）を任されています。

以上が金七さんの伝説ですが、江戸時代後期に中津《なかつ》藩（大分県中津市）の奥平家（奥平信昌の末《まつ》裔《えい》）がまとめた『奥平家世譜《せいふ》』には、一族の奥平治左衛門（勝吉）が最初に伝令係に指名されたものの、「もし城を出ている間に落城し、一人で生き長らえるのは末代《まつだい》までの恥辱《ちじょく》である」として拒否したため、鳥居強右衛門が任命されたとあります。そこには「鈴木金七」という名も登場するのですが、伝令係としてではありません。長篠城に残った金七さんは「城外に突いて出て奮戦」したそうで、なんと最終的には「戦死」したと記されています。

さて、金七さんは、一七〇五年（宝永《ほうえい》二）成立の『四戦紀聞《しせんきぶん》』などによると、生誕地は茶臼山《ちゃうすやま》（信長の最後の陣地）の西側の川上村（新城市富永）だったといいます。現地には「鈴木金七誕生の地」が伝えられており、今も末裔の方がお暮らしになっているそうです。その生誕地近くの禅海寺《ぜんかいじ》には、金七さんのことを詠《よ》んだ〈来援を　見届け金七郎　帰農する〉という〝かるた〟の看板が立てられています。このかるたは地元の「設楽原をまもる会」が作成した「長篠設楽原古戦場　いろはかるた」の一つで、長篠古戦場の名物となっています。また、金七さんが隠居したという作手には、金七さん夫婦の祠《ほこら》が残っていて、祠には「鈴木金七重正」という名が刻まれています。

史料や郷土に残されている数々の伝承。金七さんは〝じゃない方〟なんかじゃない！　鳥居強右衛門とは異なる魅力を持つ、もう一人の長篠のヒーローに君も会いに行ってみよう！

武将の下の名前「長政」多すぎ問題　その3

○「長政」from その他

まだまだ「長政《ながまさ》」という名前の武将はいるので、十一人を五十音順の箇条書《かじょうが》きでご紹介！

市橋《いちはし》長政　美濃《みの》（岐阜県）出身の武将。徳川秀忠《とくがわひでただ》に仕《つか》える。叔父《おじ》の市橋長勝《ながかつ》の跡を継ぎ三条藩（新潟県三条市）の藩主となる。のちに仁正寺《にしょうじ》藩（滋賀県日野町）の藩主となり、末裔《まつえい》は明治維新まで代々藩主を務めた。

上杉《うえすぎ》長政　能登《のと》（石川県）畠山《はたけやま》家の末裔。祖父の畠山義春《よしはる》が上杉謙信《けんしん》の養子となり、父は上杉長員《ながかず》と名乗る。徳川家光《いえみつ》に仕えて父の下総《しもうさ》（千葉県）や常陸《ひたち》（茨城県）の千四百九十石《こく》の領地を継ぐも、一六二八年（寛永《かんえい》五）頃に早世。家督《かとく》は弟の上杉長貞《ながさだ》が継ぎ、高家《こうけ》（儀式を担当する高い家格の旗本《はたもと》）として存続。

岡部《おかべ》長政　駿河《するが》の岡部（静岡県藤枝《ふじえだ》市）がルーツとされる一族。徳川秀忠に仕えて一六二六年（寛永三）に死去した。兄・岡部宣勝《のぶかつ》の家系は岸和田《きしわだ》藩（大阪府岸和田市）の藩主として明治維新まで続いている。

榊原《さかきばら》長政　〝徳川四天王《してんのう》〟の榊原康政《やすまさ》の父。伊勢《いせ》の榊原（三重県津《つ》市）がルーツとされる。父が三河《みかわ》の上野《うえの》（愛知県豊田市）に移り、自身は徳川家康《いえやす》に仕え、一五六二年（永禄《えいろく》五）に死去。

関《せき》長政　美濃の関（岐阜県関市）がルーツの一族。祖父は津山《つやま》藩（岡山県津山市）の藩主・森《もり》忠政《ただまさ》（森蘭丸《らんまる》の弟）。兄・森長継《ながつぐ》が祖父の養子となり、本家を継承。自身は宮川《みやがわ》藩（津山市）の藩主となった。

中目《なかのめ》長政　陸奥《むつ》の中目（宮城県白石《しろいし》市）の国衆《くにしゅう》、

伊達《だて》家の家臣。伊達晴宗《はるむね》（政宗《まさむね》の祖父）に重用され、一五六六年（永禄九）懸田《かけだ》城（福島県伊達市）の城主となる。末裔は仙台藩の重臣として存続した。

早川《はやかわ》長政　豊臣秀吉《とよとみひでよし》の馬廻衆《うままわりしゅう》（側近）。府内《ふない》城（大分県大分市）の城主。西軍に付いた「関ヶ原《せきがはら》の戦い」後、浪人《ろうにん》となり、「大坂冬の陣」では大坂城に入城したという。息子の早川久右衛門は細川忠興《ほそかわただおき》に仕えた。

平野《ひらの》長政　一六四二年（寛永十九）生まれで〝武将〟ではないが特別枠。〝賤ヶ岳《しずがたけ》の七本槍《しちほんやり》〟の平野長泰《ひらのながやす》の義理の孫。大和の十市《とおち》（奈良県橿《かし》原《はら》市など）に五千石を領した交代寄合《こうたいよりあい》。妻が織《お》田《だ》信雄《のぶかつ》の孫（織田高長《たかなが》の娘）なので「織田長政」は義理の兄弟にあたる。

古田《ふるた》長政　茶道の織部《おりべ》流の祖・古田織部（重然《しげなり》）に代表される美濃の一族のひとり。経歴は不詳ながら、『美濃国諸旧記《みののくにしょきゅうき》』に山口城（岐阜県本《もと》巣《す》市）の城主として「（古田）兵部少輔《ひょうぶしょうゆう》長政」の名が記されている。

松下《まつした》長政　三河の松下（愛知県豊田市）がルーツとされる一族のひとり。生没年不詳ながら、孫の松下長矩《ながのり》は一五一六年（永正《えいしょう》十三）に討死《うちじに》、もう一人の孫の松下勝綱《かつつな》が徳川家康に仕えた。末裔は旗本として存続。

山口《やまぐち》長政　織田信長《のぶなが》に仕えた山城《やましろ》（京都府）の国衆。宇治田原《うじたわら》城（京都府宇治田原町）の城主。近江《おうみ》（滋賀県）の豪族の多羅尾《たらお》家から養子を迎え、末裔は旗本として存続した。

以上です！　今回は〝武将〟としての「長政」だけでなく、江戸時代以降の「長政」も数人紹介しましたが、もっともっと江戸時代以降の「長政」はいます。さらに、戦国時代にも私が取りこぼした「長政」がいることかと思いますので、ここにはいない、あなただけの「長政」を探してみてください！

第五章

思わず二度見！
ひとクセあるお名前の武将たち

北 信愛

今も語り継がれる「花巻城の夜討ち」の奮戦！ 東北の〝二大愛ちゃん〟その1

どんマイナー
パラメーター

統率力	★★★★
武勇	★★★
知略	★★★★
政治力	★★★★
ラブリー度	♥♥♥♥♥

○南部家を支え続けた名将

戦国時代の東北にいた〝二大愛《あい》ちゃん〟。一人目は、主家の滅亡を救った老臣・北信愛《きたのぶちか》です。次項で紹介する安東《あんどう》の愛ちゃんは出羽《でわ》（東北の西側）ですが、信愛さんは陸奥《むつ》（東北の東側）のお方です。仕《つか》えていたのは東北屈指の大名、南部《なんぶ》家。「北」という変わった名字ですが、『奥南旧指録《おうなんきゅうしろく》』（鎌倉時代から江戸時代中頃までの南部家をまとめた史料）によると、南部本家の三戸《さんのへ》城（青森県三戸町）の〝北〟に屋敷があったことに由来するそうです。また、「東」と「南」を名乗った一族（西はいない）もいて、すべて南部家の分家にあたります。『参考諸家系図《さんこうしょけけいず》』（江戸時代後期の南部家の系図集）によると、信愛さんは南部家当主の南部信義《のぶよし》（死後は弟・政康《まさやす》が跡を継いだ）の孫にあたるとされていますが、その出自は定かではありません。

さて、信愛さんは「九戸政実《くのへまさざね》」のところ（28P参照）でも登場しましたが、南部本家の後継者争いが起きた時に、自らが推す南部信直《のぶなお》を当主に就けて、ライバルの九戸政実を退《しりぞ》けています。これが一五九一年（天正十九《てんしょう》）の「九戸政実の乱」に繋《つな》がっています。

外交手腕に長《た》けた、かなりやり手の武将で、南部家と豊臣政権を繋ぐために南部信直の代理として加賀《かが》（石川県）の前田《まえだ》利家《としいえ》を訪ねてパイプを作り、九戸政実が反乱を起こした際には京都の聚楽第《じゅらくてい》を訪れて豊臣秀吉《とよとみひでよし》に謁見《えっけん》、援軍要請に成功して主家を救っています。

信愛さんは花巻《はなまき》城の城主だったことから、特に岩手県花巻市で有名人です。毎年九月に開催される「花巻まつり」は、信愛さんが出陣の時に観音様を祀《まつ》ったことに始まるとも伝えられています。信愛さんの死後は「松斎《しょうさい》まつり」とも呼ばれた（松斎は信愛の法名《ほうみょう》）そうで、いつからか信愛さんの供養《くよう》も兼ねるようになったといいます。中でも一六〇〇年（慶長《けいちょう》五）に起きた「花巻城の夜討《ようち》ち」は地元の語り種《ぐさ》となっています。〝夜討ち〟とあるので信愛さんが夜襲を仕掛けた側っぽいですが、された側です。

花巻あたりは、もともと南部家の領地ではなくて稗貫《ひえぬき》家（ルーツは伊達《だて》家と同じという説も）の領地だったのですが、一五九〇年（天正十八）の秀吉の「奥州仕置《おうしゅうしおき》」によって稗貫家は領地を没収されて滅亡しました。翌年、同じく改易《かいえき》になった和賀《わが》家（源頼朝《みなもとのよりとも》の子孫を自称）とともに「和賀・稗貫一揆《いっき》」を起こしますが、秀吉が派遣《はけん》した討伐《とうばつ》軍によってあえなく鎮圧《ちんあつ》されてしまいます。この討伐軍は、先述した信愛さんの援軍要請によるものです。そして、諸々《もろもろ》の反乱が鎮《しず》まった後に、花巻城へは北秀愛《ひでちか》（信愛の次男）が城主として入ったそうです。あら、息子にも「愛」が入っていますね。「愛」は北家の通り字（代々使用されている字）だったんです。『系胤譜考《けいいんふこう》』（江戸時代中期の南部家の系図集）には、信愛さんの長男は「定愛《さだちか》（愛一《ちかかず》）」、三男は「愛継《ちかつぐ》（直継）」、四男は「光愛《みつちか》」とあり、愛に溢《あふ》れたラブリーな家系図となっています。

○愛息に先立たれ、七十六歳で花巻城主に

ところが、一五九八年（慶長三）に愛息《あいそく》の北秀愛が親に先立って亡くなってしまったため、信愛さんが花巻城の城主に就任します。『参考諸家系図』には、信愛さんは「老衰なので」と断ろうとしたものの「許されず」と書いてあります。あ、信愛さん、かわいらしい名前なので若い印象を受けるかもしれませんが、一五二三年（大永《だいえい》三）生まれなので、この時七十六歳です（笑）。それまでは剣吉《けんよし》城（青森県南部町）の城主を務めていたので、城主を兼任ということになったようです。

ちなみに、便宜上ずっと「花巻城」という地名を使っていますが、花巻という名が使われるようになったのは信愛さんの時代からで、それ以前は「鳥谷崎《とやがさき》城」と呼ばれていました。『南部史要』（一九一一年〈明治四十四〉出版）によると「天正十九年（一五九一）の冬」に改名されたとありますが、私が調べた限りだと一六〇〇年（慶長五）十月二十四日の段階で南部利直が「鳥谷崎」と表記している書状（亀ヶ森玄蕃《かめもりげんば》宛て。『大迫町史』）があり、一六〇一年（慶長六）八月十三日には「花巻」と記した信愛さんの書状（金剛寺《こんごうじ》宛て。『花巻市史』）があるので、個人的にはその間に「鳥谷崎→花巻」の改名が行われたのではないかなと思います（もっと他の史料もあるかもです）。

その改名に関わっていたかはわかりませんが、その間の九月二十日に「花巻城の夜討ち」が起きているんですよね。この夜討ちは和賀家の生き残りである和賀忠親《ただちか》によるリベンジマッチです。和賀忠親の父（和賀義忠《よしただ》）は、先の「稗貫・和賀一揆」を起こすも、敗走中に落武者狩りに遭《あ》っ

て討死《うちじに》。その後は伊達政宗《まさむね》を頼っていました。この一六〇〇年の九月十五日に「関ヶ原《せきはら》の戦い」が起きますが、その動乱に乗じて伊達政宗は領土を拡大しようと和賀忠親を密《ひそ》かにバックアップ。和賀忠親は旧領地に戻って反南部勢力を結集すると、二子城《ふたご》（岩手県北上《きたかみ》市）で挙兵します。この反乱を「岩崎一揆」と呼びますが、その一揆の最初のターゲットとなったのが花巻城でした。

○盲目ながら「花巻城の夜討ち」に勝利

『奥羽《おうう》永慶《えいけい》軍記』（江戸時代中頃にまとめられた東北地方の軍記）によると、七十八歳の信愛さんはすでに盲目《もうもく》となっていて、歩くことすらやっとの状態だったといいます。しかも、南部利直《としなお》（信直の子）が率いる主力軍は、上杉軍に対応するために東軍として山形に出陣（「慶長出羽合戦」）していて不在でした。花巻城に残った兵はわずかで、浪人や僧侶、農民や町人、女中などが加わっていました。具体的な兵力は書いてありませんが、翌日に援軍が駆けつけて三百余人になったとあるので、おそらく百に満たない兵力だったのではないかと思います。それに対して総勢八百五十人の一揆勢に激しく攻め立てられると、城門は次々に突破され、三の丸と二の丸は陥落。なんと本丸を残すのみとなってしまったのです。

しかし、「武は奥羽に隠れなし」（武勇は東北に広く知られている）と称された信愛さんは、そんな状況にもまったくあわてることなく、甲冑《かっちゅう》を身にまといました。まだ着てなかった（笑）！

男たちは最前線で集まっているため、信愛さんの側《そば》には二人の女性が従っていました。一人は「中居（女中）の松女」、一人は「談義所《だんぎしょ》（僧侶育成の学問所？）の浦女」という、お城で働く女性でしたが、「心は剛《ごう》にして男子にも劣らない」方々だったそうです。二人は腹巻《はらまき》（甲冑の一種）を着て、鉄砲と長刀《なぎなた》をそれぞれ身に付けていたといいます。信愛さんは、その二人に命じて空《から》鉄砲を矢継ぎ早に撃たせます。それを見た家臣が不思議そうに聞くと、こう答えました。

「寄せ手の多くは農民だから、命を捨ててまで攻め込んでこない。無勢で多勢を迎え撃つ時は、味方を大勢のように見せかけ、なおかつ敵を殺さぬようにするものだ。一人でも殺すか怪我《けが》をさせれば、その一族は怒り、無二無三《むにむさん》（ひたすらに）討《う》ち掛かってくる。もしそうなれば防ぐ術《すべ》なく、たちまち落城するほかない。だが、このように時を移せば（稼げば）、やがて味方が馳《は》せ来たる。だから、この鉄砲を撃って防ぐのだ」

おぉ〜、なるほど。その後は信愛さんの予言通りのことが起きます。城兵たちは懸命に防戦し、さらに追加で攻め寄せてきた和賀忠親の本隊の攻撃も凌《しの》ぎ切って敗走させることに成功（松庵寺《しょうあんじ》の赤頬《あかつら》存泰という大鎧を着た悪僧が大長刀を振るって逃げる敵を追撃したらしい）。すると、息子の北愛継や近隣の島森主膳《しゅぜん》、さらに信愛さんが伝令を飛ばしていた盛岡から桜庭直綱《さくらばなおつな》（信愛の甥《おい》）が援軍に駆けつけると一気に形勢逆転。一揆勢を追い払い、花巻城こと鳥谷崎城を見事に守り抜くことができたのです！

この「花巻城の夜討ち」を終えた信愛さんは、自分の人生の仕事は果たし終えたと、生涯を閉じました……ってことはなくて、一六一三年（慶長十八）までご健在でした。享年《きょうねん》は九十一。花巻城主になってから亡くなるまでの間、自らが命名した〝花巻〟の新しい街づくりを行い、現在は東北の花巻で信じられないほどに愛されているのです！

安東愛季

孤高の風貌は、まるで北斗七星！
東北の〝二大愛ちゃん〟その2

どんマイナーパラメーター

統率力	★★★★
武勇	★★★
知略	★★★★
政治力	★★★★★
ラブリー度	♥♥♥♥♥

○蝦夷の海の支配者・安東家

戦国時代の東北にいた〝二大愛《あい》ちゃん〟。二人目は、出羽《でわ》（東北の西側）の巨星・安東愛季《あんどうちかすえ》（名前の読みは「よしすえ」とも）です。

この安東家というのは、出羽だけでなく蝦夷島《えぞがしま》の一部（北海道の南部）も支配していた東北屈指の一族です。『秋田家系図』などによると、平安時代中頃に陸奥《むつ》（東北の東側）を支配した安倍貞任《あべのさだとう》の子孫とされています。安倍貞任は朝廷に背《そむ》いて一〇五一年（永承《えいしょう》六）「前九年《ぜんくねん》の役《えき》」を引き起こし、源　頼義《みなもとのよりよし》（源頼朝《よりとも》の先祖）を相手に善戦したものの、最終的には討死《うちじに》を遂げた人物です。

その息子（安倍高星《たかぼし》）が津軽《つがる》の藤崎（青森県藤崎町）に逃れて、安東（安藤）家が始まったといいます。その後は東北で確固たる勢力を築いていたようで、北条義時《ほうじょうよしとき》（鎌倉幕府の執権《しっけん》）から「東《とう》夷《い》（東北）を守護する代官」（『秋田家系図』）に任じられて、蝦夷《えぞ》（東北&北海道）を治める「蝦夷管領《かんれい》」になったといいます（『諏訪大明神画詞《すわだいみょうじんえことば》』）。

鎌倉時代後半、安東家は日本有数の貿易港である十三湊《とさみなと》（青森県五所川原《ごしょがわら》市）に移転。『新羅《しんら》之《の》記録《きろく》』（江戸時代初期に幕府がまとめた松前藩《まつまえ》の史料）に、「狄之島《えぞのしま》（北海道）は安東家の領地だった」と記されるなど、安東水軍《すいぐん》と称される水軍衆を率いて、蝦夷の海の支配者として君臨しました。

さらに、応永《おうえい》年間（一三九四～一四二八）の初め頃には、安東一族が十三湊から土崎港《つちざき》（秋田県秋田市）に侵攻。湊城（同前）を拠点にした別の安東家が始まっています。こちらの安東家は「上国家《かみのくに》」や「湊家」と呼ばれ、津軽に残った本家の安東家は「下国家《しものくに》」と呼ばれました。こうして出羽から陸奥にかけての大領域を支配した安東家は〝奥州十三湊 日之本《ひのもと》将軍〟（日之本＝日本の果て＝蝦夷）と称するようになり、これは公式の職名ではなかったものの、のちに天皇家からも認められた称号となっています（『羽賀寺縁起《はがじえんぎ》』）。

○安東家の地位を確固たるものに

前置きが長くなりましたが、この下国安東家が愛季さんの実家です。といっても、愛季さんが誕生するのは一五三九年（天文《てんぶん》八）なので、もうちょっと先のこと。実は生まれるまでの間に、実家には大きなトラブルが起きています。親戚だった南部家の侵攻を受けて下国安東家は敗戦。なんと十三湊を追われて蝦夷島に逃れることになったんです。現地の家臣（蠣崎季繁《かきざきすえしげ》）などの支援を受けながら、なんとか津軽を奪還しようと試みるも失敗。そこに救いの手を差し伸べたのが分家である上国安東家でした。

一四五六年（康正《こうしょう》二）に上国家からの誘いを受けて、下国家（安東政季《まさすえ》＝愛季さんの高祖父）は小鹿島《おがしま》（秋田県男鹿《おが》市）に上陸。河北《かわきた》（秋田県北部）の国衆《くにしゅう》・葛西秀清《かさいひできよ》を滅ぼして、新たに檜山《ひやま》城

（秋田県能代《のしろ》市）を築城、檜山家と呼ばれるようになります。両家はそれぞれ独立した大名家となりましたが、この両家を統一して、さらに強大な安東家へと成長させ、江戸時代の大名へと繋《つな》げた人物こそが愛季さんなんです。

統一のキッカケは湊安東家の後継者の不在でした。湊家の安東堯季《たかすえ》は男子に恵まれず、檜山家（安東舜季《きよすえ》＝愛季の父）に嫁《とつ》いだ娘との間に生まれた孫（安東友季《ともすえ》＝愛季の兄）を養子にするも夭逝《ようせい》し、湊家の当主がいなくなってしまいました。『秋田家系図』などによると、安東愛季さんは自分のもう一人の弟（安東茂季《しげすえ》）に湊家を継がせたそうなのですが、それに反発した湊家の家臣が謀反《むほん》を計画。安東茂季の豊島館《としまだて》（秋田市）を攻めて暗殺を企《くわだ》てますが、すぐさま愛季さんが軍勢を送り込んだことで弟は助かります。これに感謝した弟は、湊家を愛季さんに譲ったといいます。

この檜山＆湊安東家の統一に前後して、愛季さんは安東家の勢力を着々と（特に東方に向けて）拡大しています。まずライバルだった比内《ひない》（秋田県大館《おおだて》市、北秋田市など）の浅利《あさり》家（ルーツを辿《たど》ると甲斐《かい》の武田《たけだ》家と親戚）に狙《ねら》いを定めると、当主（浅利則祐《のりすけ》）の弟・浅利勝頼《かつより》に調略《ちょうりゃく》をかけて味方に引き込み、御家騒動を勃発《ぼっぱつ》させます。その結果、一五六二年（永禄《えいろく》五）に兄を自害に追い込んだ（愛季さんが攻め滅ぼしたとも）浅利勝頼が新たな当主となっています。しかし、浅利勝頼も愛季さんと対立していくようになり、一五八二年（天正《てんしょう》十）に和睦《わぼく》のためと称された宴《うたげ》に招かれて暗殺されています。愛季さんの非常にしたたかな一面です。

永禄の後半（一五六〇年代後半）には、比内よりも東の鹿角《かづの》（秋田県鹿角市、小坂町《こさかまち》など）に攻め込み、石鳥谷館《いしどりやだて》や長牛館《なごしだて》（どちらも鹿角市）などを落として領地を広げました。ちなみにこの時、鹿角の国衆からの要請を受けて南部《なんぶ》家が鹿角に出兵していますが、その軍勢を率いていたのが九戸《くのへ》政実《まさざね》（28P参照）です。

○隠居後も実権を握るが、陣中で突然の死

愛季さんは中央政権との繋がりも強く、織田信長《おだのぶなが》とは事あるごとにプレゼントや感謝の書状を贈り合う〝メル友〟のような関係でした。愛季さんから馬や鷹《たか》を献上すると、信長からは太刀《たち》が贈られてくるなど友好関係が結ばれていました。その結果、一五七七年（天正五）には「従五位《じゅごいの》下《げ》・侍従《じじゅう》」、三年後には「従五位上・侍従」という高い官位をもらうなど、領地の大きさや経済力だけでなく、家格としても織田政権とのパイプを持つワンランク上の大名となっています。

一五七六年（天正四）に長男（秋田業季《なりすえ》）に家督《かとく》を譲った愛季さんは脇本《わきもと》城（男鹿市）に隠居《いんきょ》、六年後に長男が亡くなると次男（安東実季《さねすえ》）に家督を継がせて湊城と檜山城を任せました（『湊檜山両家合戦覚書』）。現在、この脇本城・湊城・檜山城を〝安東三城〟と総称することもあります。

隠居したといっても息子はまだ若く、実権は愛季さんが握ったまま。さらなる領地拡大を目指して、今度は仙北《せんぼく》（秋田県仙北市、大仙《だいせん》市など）に攻め込みます。相手は角館《かくのだて》城（仙北市）の戸沢《とざわ》盛安《もりやす》。こちらもご当地の名将として知られている人物です。愛季さんは淀川《よどかわ》城（大仙市）を落とすなど優勢でしたが、戸沢盛安の反撃に遭《あ》って淀川城を奪還されるなど、一進一退《いっしんいったい》の攻防を繰り返します。そして、数年×数度の合戦を経て、一五八七年（天正十五）に再び淀川へ出陣した際に、愛季さんは陣中で死去したと（檜山城で死去したとも）いわれています。享年《きょうねん》は四十九。合

戦中だったため愛季さんの死は秘密にされ、亡骸《なきがら》は近習《きんじゅう》（石郷岡主典《いしごおかとのも》）が密《ひそ》かに運び出して、脇本城の麓《ふもと》の法蔵寺《ほうぞうじ》（現・萬境寺《ばんきょうじ》？）に埋葬されたそうです。

現在、愛季さんは〝北天の斗星〟と称されていて、戦国ファンにはおなじみのニックネームですが、私が調べた限りですと、その異名が書かれている文献はありませんでした。おそらく『土崎港町史』（一九四一年〈昭和十六〉出版）の、「愛季公は奥羽郡雄中でも、『斗星の北天に在るにさも似たり。』とたとえられたほど、武略《ぶりゃく》に長じた英傑であった」が初出のようです。ただし当然、元ネタはありまして、それが愛季さんの肖像画（彫りが深く、眉《まゆ》と髭《ひげ》が黒々していてダンディー）にある賛《さん》です。賛は絵画に書き込まれた詩文のことですが、武将の肖像画では偉い僧侶がよく担当しました。愛季さんの肖像画の賛は、京都の妙心寺《みょうしんじ》の住職だった物外紹播《もつがいじょうばん》が漢文で記したもので、その最後に次の一文があります。

「桓々　武烈　漂々　孤風望　之則　依俙　斗立北」

「桓々《かんかん》＝勇ましい／武烈《ぶれつ》＝武功／漂々《ひょうひょう》＝漂う／孤＝孤高／風望＝風貌《ふうぼう》／依俙《いき》（依稀）＝よく似た・そっくりな／北立斗＝北斗七星《ほくとしちせい》」という単語に分けられそうなので、要約すると「勇ましく武名を轟《とどろ》かせた孤高の風貌は、まるで北斗七星のようだ」ということになるかと思います。この最後の部分を、よりカッコよく変換すると「斗星の北天に在るにさも似たり」になるわけですね。

その後、安東家は安東実季の代に徳川家康《とくがわいえやす》の命《めい》で名字を「秋田」と改め、常陸《ひたち》の宍戸《ししど》（茨城県笠間《かさま》市）に転封《てんぽう》。さらに三春《みはる》（福島県三春町）に移って明治維新まで藩主を務めます。そのため三春町には愛季さんの戒名《かいみょう》と同じ龍隠院《りゅうおんいん》という秋田家の菩提寺《ぼだいじ》があり、愛季さんの墓が伝わります。

渡辺 兼

パッと見、あの名優と同じ名前!?
毛利家家臣として大活躍した国衆

どんマイナー
パラメーター

統率力	★★★★
武勇	★★★★
知略	★★★★
政治力	★★★★
ハリウッ度	★★★★★

〇同じ名前が三人も存在！

NHK大河ドラマの歴代最高の平均視聴率といえば、一九八七年（昭和六十二）に放送された『独眼竜政宗《どくがんりゅうまさむね》』で、平均三十九・七％という高視聴率を叩《たた》き出した名作です。その主人公である伊達《だて》政宗を演じたのが、当時二十八歳の渡辺謙《わたなべけん》さんでした。今や世界に誇る名優ですが、そんな渡辺謙さんとパッと見、同じ名前をしているのが「渡辺兼」です。

漢字は違うけど読みかたは同じ「わたなべ・けん」です！……と言いたいところですが、読み方はおそらく「わたなべ・かぬ」さんと思われます。

この渡辺兼という人物は、室町時代から戦国時代にかけて備後《びんご》の沼隈《ぬまくま》半島（広島県福山市）を治めていた山田渡辺氏（山田は沼隈半島の地名）と呼ばれる一族のお方なのですが、なんと歴代で三人も存在するんです。先祖の名前にあやかって同じ実名を付けることは時々あることで、偶然にも渡辺謙さんが演じた伊達政宗（十七代当主）も、九代当主の伊達政宗にあやかって名付けられています。

で、本項の主人公である渡辺兼と、その父にあたる渡辺兼の読み方は渡辺家の系図や諸史料には記されていないのですが、初代の渡辺兼（鎌倉時代中期に後嵯峨《ごさが》上皇に仕《つか》えた）は『寛永《かんえい》諸家系図伝』には「かぬ」と振り仮名があることから、二代目と三代目も「かぬ」だったと思われます（ちなみに、足利義兼や新田義兼の「兼」にも「かぬ」とふりがながあります）。

さて、全国にたくさんいる渡辺さんですが、そのルーツは平安時代中頃の渡辺綱《わたなべのつな》とされています。

渡辺綱は嵯峨源氏《さがげんじ》（嵯峨天皇をルーツにする源氏）の一族で、拠点にした渡辺（大阪府大阪市）を名字にしたといわれています。渡辺綱が鬼の頭領である酒呑童子《しゅてんどうじ》を退治したという伝説があることから、鬼が恐れる渡辺姓の家では節分《せつぶん》に豆まきをしなくてよいという風習があることでもおなじみです。そして、兼さんの山田渡辺家も、この渡辺綱の子孫だと伝えられています。

渡辺家では実名に特徴的な漢字一文字を付けることが多くて、現代でいう〝キラキラネーム〟のような印象を受けます。兼さんのご先祖様には「繁《しげし》」「企《くわだつ》」「授《さずく》」という方々が、別の系統の渡辺家には「枝《えだ》」「競《きおう》」「好《このむ》」「於《おいて》」「輝《てらす》」という方々もいて系図を読むのが楽しい一族です。

兼さんの山田渡辺家のスタートは室町幕府の誕生と同じ頃らしく、足利尊氏《たかうじ》に従って武功を挙げたことで山田を与えられたことに始まるようです。『広島県沼隈郡誌』などによると、山田渡辺家の初代は「渡辺持」というお方で、そこから「持―忠―直―重―高―兼―兼―房―元―景」と続いていきました。これ、暗記方法があったら教えてください（笑）。

○「応仁の乱」で没落した山田渡辺家

山田渡辺家の歴史を知る上で大事な史料として『渡辺先祖覚書』というのがあるのですが、これはなんと兼さんが執筆したといわれているものなんです。そこには「眼前の子孫のために筆を取った」とあるように渡辺家の活躍がまとめられた覚書で、一五三〇年（享禄《きょうろく》三）に書き始めて一五三四年（天文《てんぶん》三）に書き終えたと記されています。ただし原文は残っておらず、一六九七年（元禄《げんろく》十）に写されたものであるのに加えて後世に修正された部分があるので、そのまま情報を受け取るわけにはいかないのですが、国衆《くにしゅう》の矜持《きょうじ》を感じられる素敵な史料です。

　そこには「高―兼―家（兼の兄）―兼さん」の四代のことが記されています。

　この史料は、斯波義将《しばよしゆき》（室町時代前期の室町幕府の有力大名）の家臣だった祖父・渡辺高から始まります。渡辺高は跡を継いだ時にまだ幼かったので、叔父《おじ》の渡辺近が家を乗っ取るような動きを見せます。これに反発した渡辺高は叔父を殺害。在地の越前《えちぜん》を出奔《しゅっぽん》すると、親戚筋を頼って京都の悲田院《ひでんいん》に逃れて隠棲《いんせい》、その後、悲田院の領地だった草戸《くさど》（福山市）に移ったといいます。当時、草戸には〝草戸千軒《せんげん》〟と称されるとても賑《にぎ》やかな港町があった（江戸時代の洪水《こうずい》で消滅したと伝わる）のですが、渡辺高は備後の守護である山名《やまな》家（室町幕府の有力大名）の家臣となって草戸の代官を務めたようです。

　二代目・渡辺兼（兼の父）も山名家の家臣として勢力を保ち、一四六二年（寛正《かんしょう》三）には畠山義《はたけやまよし》就《ひろ》（のちに「応仁《おうにん》・文明《ぶんめい》の乱」のきっかけを作った幕府の有力大名）の討伐《とうばつ》戦に参戦。渡辺定（兼の兄）が討死《うちじに》するほど奮戦し、主君の山名是豊《これとよ》から感状を与えられています。

それから五年後に「応仁・文明の乱」が勃発《ぼっぱつ》。山名是豊の父は西軍の総大将となった山名宗全《そうぜん》ですが、父とは不仲だった是豊が東軍に付いたため、渡辺家（兼の兄）も東軍として備後で戦います。しかし、山名是豊は一四七五年（文明七《ぶんめい》）に西軍に敗れて備後を追放され、渡辺家も備《びっ》中《ちゅう》の笠岡（岡山県笠岡市）から塩飽《しわく》の本島《ほんじま》（香川県丸亀市《まるがめ》）、さらに宇多津《うたづ》（香川県宇多津町）から弓削島《ゆげしま》（愛媛県上島町《かみじまちょう》）と一〜二年間、放浪することになったといいます。これにて山田渡辺家は滅亡かと思いきや、西軍方として活躍した八ツ尾山城《やおやま》（広島県府中市）の宮田備後守《びんごのかみ》（政輝《まさてる》）のもとで渡辺貞（兼の兄）が養育されて盧浦城の城主になっていたので、その繋《つな》がりから許されて草戸に戻ることになりました。

○三代目・渡辺兼による御家再興

赦免《しゃめん》されたものの山田渡辺家の勢力は一気に衰退中。それを巻き返したのが本項主人公、三代目の兼さんでした。十六歳で上洛《じょうらく》すると先祖と同じく御所《ごしょ》の警護（禁裏在番《きんりざいばん》）を務めて、十八歳で新たな備後の守護・山名政豊《まさとよ》（宗全の子。孫とも）に謁見《えっけん》。『備後太平記』（江戸時代にまとめられた著者不明の備後の軍記）によると、山名政豊が「応仁・文明の乱」の影響で実権を失っていた丹波《たんば》（京都府・兵庫県）、播磨《はりま》・但馬《たじま》（兵庫県）を奪還するために一四八三年（文明十五）に出陣した際に、兼さんは十八歳で山名俊豊《としとよ》（政豊の子）の軍勢に加わって武功を挙げたといいます。

つまり、兄のやらかしを弟の兼さんがカバーして、山田渡辺家の勢力回復を図ったわけですね。

一四九一年（延徳三《えんとく》）の、足利義材《よしき》（十代将軍。義政《よしまさ》の甥《おい》）による近江《おうみ》（滋賀県）の六角《ろっかく》家討伐《とうばつ》でも幕府軍として参戦。一四九五年（明応四《めいおう》）には但馬の山名家の有力な家臣たち（太田《おおた》垣《がき》、垣《かき》屋《や》、和智《わち》）の離反があったため主君・山名俊豊が討伐へと出陣。兼さんはこれにも従軍して、主君とともに日本海に面した館山《たてやま》城（兵庫県香美町《かみちょう》）に入城します。そして、約一・五キロ東の林《りん》甫《ぽ》山《ざん》（輪宝山《りんぽうざん》）に陣取った敵軍との合戦で、数ヶ所の傷を負いながらも敵将の塚村治郎左衛門を討ち取る活躍を見せ、主君から褒状《ほうじょう》をもらったといいます。

その後、一五〇四年（永正《えいしょう》元）一月十日に兄・渡辺家が死去したため、兼さんが新たな当主に就任しています。坪生《つぼう》や藁江《わらえ》（どちらも福山市）などを加増《かぞう》され、それまでの拠点だった草戸から沼隈半島の山田に移って一乗山《いちじょうさん》城（黒木城）を築き、山田渡辺家の菩提寺《ぼだいじ》として一乗山城の西に常国寺《じょうこくじ》を建立《こんりゅう》したそうです。

また、この年の六月には月山富田《がっさんとだ》城（島根県安来《やすぎ》市）を拠点に勢力を一気に伸ばしていた名将・尼子《あまご》経久《つねひさ》が、備後の神石《じんせき》（広島県庄原《しょうばら》市・神石高原町《じんせきこうげんちょう》）まで攻め込み、山名方の城を攻略していく出来事が起きました。尼子軍が多賀山《たがやま》に陣を張っていることを知った兼さんは、わずか三百余の兵で出陣！　寡兵《かへい》だと敵が侮《あなど》っているところに奇謀《きぼう》を巡らせて奮戦したといいます。ところが多勢に無勢、もはや勝算なしとなったところで、味方の軍勢が後詰《ごづめ》に駆けつけてピンチを脱出。たまたま強風が吹いていたことから、兼さんは尼子の陣に火を放って攪乱《かくらん》すると、尼子経久は「地勢、利あらず」（ポジションが不利だ）として撤退《てったい》を始めました。兼さんは撤退する尼子軍を激しく追撃し、首を数個獲って帰陣したそうです。この活躍によって兼さんは山名俊豊からまたまた感状をもらったといいます。

兼さんの活躍で勢力を盛り返した山田渡辺家でしたが、今度は主君の山名家が没落。兼さんは大永年間《だいえい》（一五二一～二八）には周防《すおう》（山口県）の大大名の大内家《おおうち》を頼り、天文年間（一五三二～五五）のはじめには安芸《あき》（広島県）の毛利家《もうり》（こちらもこの頃は大内家の家臣）に従うようになったといいます。

一五三四年（天文三）には大内家と毛利家の連合軍に加わって、尼子方の亀寿山城《かめじゅやま》（福山市）を攻めて降伏に追い込むと、亀寿山城の監視役を任されています。また、この天文年間には敵対した近隣の手城山城《てしろやま》（同前）の茂野盛信《しげのもりのぶ》（信盛）を攻めて討死させています。この茂野盛信、通称を「五郎」といったそうなので「茂野五郎」という名でもあったみたいです。ということは、アニメ化や映画化もされた人気野球漫画『ＭＡＪＯＲ』の主人公「茂野吾郎」と同じ読み方ですね！　渡辺謙さんは熱狂的な阪神ファンですから「渡辺兼vs茂野五郎」となると異次元始球式みたいな響きになりますね（笑）。

○毛利元就との強い絆

さて、兼さんが従っていた毛利家。当時の毛利家のトップはご存じ、毛利元就《もとなり》。実は兼さんは毛利元就と〝まるで兄弟のような関係性〟だったといいます。このことは後世の史料ではなく、小早川隆景《こばやかわたかかげ》（毛利元就の子）が一五九一年（天正十九《てんしょう》）に記した書状に書かれています。

「渡辺越中《えっちゅう》（兼さん）は興元《おきもと》（毛利元就の兄）様に気に入られ、備後から呼ばれてしばらく吉田（吉田郡山城《こおりやま》）に置かれていました。その時は日頼《にちらい》（毛利元就）様はまだ田治比《たじひ》殿（多治比《たじひ》猿掛《さるがけ》城主）で、まるで〝兄弟の如《ごと》く〟丁重に扱われていました。（中略）渡辺家のことは興元様以来の繫がりなので、よくよく考えて判断してください」

この千七百字近い長文の書状は、毛利家の都合で山田渡辺家が山田の地を相続できないかもしれないという状況に陥ったため、両家の関係性を知っている小早川隆景を山田渡辺家が頼った時のものです。毛利元就の兄・毛利興元は一五一六年（永正十三）に亡くなっているので、兼さんが多治比城主の毛利元就と兄弟のように過ごしたのはそれ以前のことになります。

兼さんの生まれ年はハッキリわからないんですが、先述したように一四八三年（文明十五）に十八歳だと一四六六年（文正《ぶんしょう》元）生まれになるので、毛利元就よりも三十歳ほど年上だったことになります。となると〝兄弟の如く〟というのは言い過ぎな気がするので、史料にズレがあるのか、それとも小早川隆景が山田渡辺家を気遣《きづか》って〝盛った〟コメントをしたのかもしれません。

○戦国の栄枯盛衰と山田渡辺家

兼さんは一五四六年（天文十五）に亡くなりますが、それ以降も山田渡辺家は毛利家の家臣として各地を転戦。渡辺房（兼の子）は一五五五年（天文二十四）の「厳島合戦《いつくしま》」では小早川隆景の軍勢に加わって活躍し、毛利元就から感状を与えられるなど、多くの合戦で武功を挙げたそう。この渡辺房の代の一五七六年（天正四）に、織田信長《おだのぶなが》によって京都を追放された足利義昭《あしかがよしあき》（室町幕府十五代将軍）が毛利輝元《てるもと》を頼って、沼隈半島南端の「鞆の浦《ともうら》」にやってくるという大事件が起きています。足利義昭は鞆城に入るのですが、その警備や世話を毛利輝元から命じられたのが山田渡辺家でした。その係は「房―元―景」と三代に受け継がれ、その忠節ぶりに感謝した足利義昭から特別に三代とも「白傘袋《しろかさぶくろ》と毛氈鞍覆《もうせんくらおおい》」の使用許可を与えられています。「白傘袋」というのは絹傘を入れる白い袋のことで、「毛氈鞍覆」というのは毛氈（獣毛を加工した織物）で作った鞍覆（乗馬しない引馬の鞍から鐙《あぶみ》にかけて覆う布や絹織物）のことなのですが、これは守護や大名クラスの格式の高い家にしか許されない特権だったんです。この足利義昭からの許可証は、渡辺元（兼の孫）に宛てられたものが常国寺に現存しています。常国寺には足利義昭も時々参拝したそうで、一乗山城に滞在していた時期もあったといいます。

豊臣秀吉《とよとみひでよし》の時代となると、渡辺景（兼のひ孫）が一五九二年（文禄《ぶんろく》元）からの「文禄の役《えき》（第一次朝鮮出兵）」で小早川隆景に従って朝鮮半島に出兵し、激戦となった翌年の「碧蹄館《へきていかん》の戦い」に参戦。一六〇〇年（慶長《けいちょう》五）の「関《せき》ヶ原《はら》の戦い」の後は、主君の毛利家が西軍について領地を大幅に削減され転封《てんぽう》となったのに伴い、渡辺景も領地を没収されたのか一乗山城を退去して浪人に。親戚を頼って美濃《みの》（岐阜県）に行くと武士の道を捨てて出家し、京都の本法寺《ほんぽうじ》に入ったそうです。その後、福山に帰郷すると通安寺《つうあんじ》を建立。四人の息子たちは一六一九年（元和《げんな》五）に新たな福山の領主となった水野勝成《みずのかつなり》（徳川家康の従兄弟）に仕えることになります。末裔は福山藩士として続き、山田渡辺家が代々役人を務めたという吉津《よしづ》（福山市）の御番所の跡地には現在、渡邊神社が建てられています。

国衆たちの栄枯盛衰を体現したかのような山田渡辺家。その中で滅亡しかけた御家を見事に再生させた渡辺兼！　ドラマ化する時は、そりゃもちろん渡辺謙さんにお願いしたいですね！

奈佐日本助

戦国時代のキラキラネーム？
山陰地方を席巻した海賊の頭領

どんマイナーパラメーター	
統率力	★★★★
武勇	★★★★
知略	★★★
政治力	★★★
キラキラネーム度	★★★★★

○中国地方における戦国のキーパーソン

戦国時代の気になる名前といえば奈佐《なさ》日本助《にほんのすけ》は外せないでしょう！　宇宙を連想させる名字の〝NASA〟に加えて、下の名前には国名の〝日本〟が入っちゃっています。まるで芸名のような〝キラキラネーム〟ですが、ちゃんと実在した人物で、当時の書状にも名が残っています。

「奈佐」という名字は、もちろん宇宙とは何も関係はなく、但馬《たじま》の奈佐（兵庫県豊岡《とよおか》市）に由来すると考えられます。有名な城崎《きのさき》温泉から約十キロ南に位置するこの地域には、ここを拠点にした奈佐家がいたのですが、日本助さんはおそらくその一族だったと思われます。名前は史料によって「日本之助」「日本介」「日本之介」などとも表記されています。

そんな日本助さんについては出自がまったくわからず、一五七〇年（元亀《げんき》元）前後と一五八一年（天正《てんしょう》九）くらいの動向しか摑《つか》めない人物なので、ルーツが奈佐にあったのか、拠点が奈佐だったのかなどは不明となっています。

また名前の「日本」を「やまと」と紹介している書籍もあります。当時の読み方はこれまた不明なのですが、江戸時代後期にまとめられた『武林名誉録《ぶりんめいよろく》』や『真書太閤記《しんしょたいこうき》』などには「にほんのすけ」とルビが振ってあるので、江戸時代は「にほんのすけ」が一般的だったのかもしれません。他に「日本」は「ひのもと」とも読むことがありますが、当時「ひのもと」は「日本の果て＝蝦夷《えぞ》（東北・北海道）」を意味する言葉で使われた（「安東愛季《あんどうちかすえ》」の項参照）ので、主に山陰で活躍した日本助さんにはふさわしくないかなと思います。となると、この「日本」は「日本国」を指すわけですから、超絶ハードルが上がってくる名前ですね。でも日本助さんは、名前負けすることはまったくなく、山陰の海を司《つかさど》るような大海賊だったようで、中国地方の戦国史のキーパーソンの一人になっているんです。

その名が記されているのは、江戸時代はじめに書かれた『安西軍策《あんざいぐんさく》』や、それをもとにして一七一七年（享保《きょうほう》二）に出版された『陰徳太平記《いんとくたいへいき》』などです。本格的に登場するのは一五六九年（永禄《えいろく》十二）の山中鹿之《やまなかしかの》介《すけ》が率いる尼子《あまご》再興軍に協力した件《くだり》です。山中鹿之介は出雲《いずも》の月山富田《がっさんとだ》城（島根県安来《やすぎ》市）を拠点とした尼子家の家臣だったのですが、かつて中国地方一円に勢力を伸ばした尼子家は安芸《あき》（広島県）の毛利元就《もうりもとなり》に攻められて一五六六年（永禄九）に滅亡。そこで山中鹿之介は、尼子家を復活させようと、京都の東福寺《とうふくじ》にいた尼子一族（尼子勝久《かつひさ》）を担ぎ出して挙兵。但馬から出雲への侵攻を画策しました。迅速《じんそく》な進軍には、なによりも軍船が必要となりますが、その時に山中鹿之介をバックアップしたのが日本助さんだったんです。

○尼子家も毛利家も頼った日本助の水軍

『安西軍策』には、山中鹿之介が率いる軍勢は「奈佐日本助の海賊舟《かいぞくぶね》に乗って出雲国の島根郡に上陸した」と記されています。『陰徳太平記』もほぼ同じ内容なのですが、そちらでは尼子軍を乗せて但馬を出た日本助の海賊舟は一度、隠岐国《おきのくに》（島根県の隠岐諸島）に渡ったとされています。そこで地元の豪族である隠岐為清《ためきよ》の支援を受けて宮田《くんだ》城（島根県隠岐の島町）に入った後、新たに築かれた勝山《かつやま》城（安来市）に尼子勝久が入ったといいます。私も境港《さかいこう》（鳥取県 境港《さかいみなと》市）や七類《しちるい》港（島根県松江市）から、隠岐汽船の大型フェリーに乗って隠岐に渡ったことがありますが、現在でも二時間半の船旅ですので、当時は強力な水軍《すいぐん》（海賊）の力が必要不可欠だったことでしょう。

一五六九年（永禄十二）、出雲に上陸した尼子再興軍は島根半島全域に勢力を取り戻すほどの勢いを見せ、日本助さんも水軍を率いて毛利家と戦い、翌一五七〇年（元亀元）、宍道湖《しんじこ》に面した水運の要衝《ようしょう》である満願寺《まんがんじ》城（松江市）を攻め落としたようです。『萩藩閥閲録《はぎはんばつえつろく》』（江戸時代にまとめられた毛利家の古文書や家系図）によると、一度は毛利軍に撃退されたみたいで、毛利輝元《てるもと》（元就の孫）が満願寺城を守る湯原春綱《ゆはらはるつな》に対して「よく守った」という書状を送っています。日本助さんは、山上丹波守《たんばのかみ》とともに尼子軍の〝船手之大将〟として、宍道湖から五十余艘《そう》の軍船で攻め込み、落城寸前まで追い詰めたものの、湯原春綱が泳ぎの得意な同族の湯原慶綱《よしつな》を呼び出して山上丹波守の船に忍び寄って船の尾を破壊、磯辺へ引き寄せて火を放ち、山上丹波守の船を炎上させたため、尼子軍は撤退《てったい》を余儀《よぎ》なくされたそうです。この夜の海戦が十月二十二日のことだったようなのですが、その約二ヶ月後の十二月十二日に毛利輝元は逆に「満願寺城を落とした」

（末国左馬助宛）と書状に記しています。ということは、その間に一度、満願寺城は尼子方の手に落ちているわけで、それはおそらく船手大将の日本助さんの活躍によるものだったのでしょう。

ところが、満願寺城が毛利家に奪い返されたように、尼子再興軍は拠点を次々に攻略されていき、最後の砦《とりで》だった新山《しんやま》城（松江市）も陥落。こうして、一度目の尼子家の再興は失敗に終わりました。山中鹿之介はこの後、尼子再興を目指して二度の挙兵（いずれも失敗）をしますが、日本助さんは一五七三年（天正元）に毛利家に降伏。毛利家も日本助さんの水軍力を頼りにしたようで、それからは毛利家臣となっています。

本項の冒頭で、「当時の書状にも名が残っている」と触れましたが、一五七四年（天正二）の吉川元春《きっかわもとはる》（毛利元就の子）の書状（井上就重《なりしげ》宛）に「外江《とのえ》（境港市）は〝日本介〟の宿所とする」とキチンと名が記されています。この外江は弓ヶ浜半島の北端、境水道に面した場所に位置していて、すぐ近くの対岸には島根半島があります。例の隠岐へのフェリーが出ている港も、すぐ近くです。

さて、毛利家に迎えられた日本助さんですが、その後はなぜか史料から姿を消します。再び現れるのは、日本助さんの最後の戦いである一五八一年（天正九）の「鳥取城の戦い」です。

○「鳥取の渇え殺し」で凄絶な最期？

一五七七年（天正五）から本格的に始まった織田信長《おだのぶなが》による「中国攻め」。信長は羽柴秀吉《はしばひでよし》を総大将に任じて、中国地方の敵対勢力に攻め寄せました。信長に反発する勢力も多く、その後ろ盾《だて》となっていたのが、大国の毛利家でした。中でも因幡《いなば》の鳥取城（鳥取県鳥取市）は一五八〇年（天正八）に織田家に一度は従ったものの、不満を抱いた家臣が城主（山名《やまな》豊国《とよくに》）を追放。再び毛利方に付いて、翌一五八一年に城主として吉川経家《つねいえ》（毛利家の重臣）を迎えて、徹底抗戦の構えを見せました。毛利家に従っていた日本助さんも、鳥取城への援軍として駆け付け、鳥取城から約二キロ北西に築かれた丸山城（鳥取市）に入城。丸山城は吉川家の家臣の山県春往《やまがたはるゆき》を総大将に、塩冶《えんや》高清《たかきよ》という有力武将らとともに七月から秀吉軍との戦いを繰り広げました。

しかし、この戦いは秀吉が一枚上手《うわて》でした。周囲に砦を築いて鳥取城や丸山城を取り囲んだ秀吉は持久戦に持ち込み、のちに〝鳥取の渇《かつ》え殺し〟と称される徹底的な兵糧《ひょうろう》攻めを行います。毛利方からの補給路も秀吉軍に止められて食料が急激に不足した鳥取城では餓死者《がししゃ》が続出。『信長公記《しんちょうこうき》』によれば、城兵はなんとか飢《う》えをしのごうと城内の草木の葉を食べ、それがなくなると牛や馬も食べていたそうです。また、重傷を負った者がいれば、その者の肉を食べたとされています。中でも脳みそが美味だったらしく、城兵たちが群がるという悲惨な状況だったといいます。

そのため、ついに吉川経家は城兵の助命を条件に降伏を決意。十月二十五日に吉川経家は自害して鳥取城は開城となりました。『陰徳太平記』などによると、丸山城はその前日の十月二十四日に開城。日本助さんは「海賊の魁首《かいしゅ》（かしら）として、年々、往来する船を襲って、万人を悩ませた悪逆無道の族《やから》である」として切腹を命じられたそうです。『信長公記』には、鳥取城の「三大将」である「吉川式部少輔《しきぶしょうゆう》（経家）、森下道祐《もりしたみちひろ》（道誉《どうよ》。元は山名家の重臣）、日本介」が切腹をして、その首が差し出されたと記されています。

日本助さんの生年や享年《きょうねん》は不明ですが、最期《さいご》の地の丸山城の西麓《さいろく》には、地元で〝河童地蔵《かっぱじぞう》〟と呼ばれる「奈佐日本之助の墓」が伝わり、ともに切腹となった塩冶高清の墓も隣に立っています。その背後には樹齢四百年以上とされるタブノキが聳《そび》えています。このタブノキは江戸時代中頃の『因幡志』にもイラスト付きで紹介されていて、今も同じような姿で残されています。

ちなみに『因幡民談記』(『因幡志』の参考書となった因幡の最古の史書)によると、日本助さん(こちらでは名字はなぜか「桑佐」となっている)の死後に浪人となった息子が池田長吉《いけだながよし》(鳥取藩池田家初代藩主。池田輝政《てるまさ》の弟)の家臣に取り立てられたといいます。そのキッカケとなったのは武勇ではなく、意外にも歌。当時、千代川《せんだいがわ》の氾濫《はんらん》によって川の流れが定まらず、池田長吉は領地が隣接していた鹿野城《しかのじょう》(鳥取市)の亀井茲矩《かめいこれのり》と境界線で度々《たびたび》争っていたのですが、最終的に江戸幕府にジャッジを頼んで、争いに勝利を収めました。これに喜んだ池田長吉は、「誰か狂言綺語《きょうげんきご》をもって(面白おかしく)歌にするよう」に命じたものの、誰も名乗り出ません。そんな時に日本助さんの息子が「武蔵野《むさしの》の　高草原に水出《いで》て　渡りかねたる　鹿のなく声」と詠《よ》むと、池田長吉は大喜び。「武蔵野」は武蔵守《むさしのかみ》(亀井茲矩)、「高草」は亀井茲矩の領地の高草、「鹿の」は鹿野とかけて、〝洪水《こうずい》で渡ることができず泣いている〟と、亀井茲矩をディスったわけです。この歌が見事だということで、池田長吉の家臣となった息子は、父と同じ「日本之助」を名乗ることになったそうです。さらに同史料には、日本助さんと一緒に「天之助」という、名字が一緒の謎《なぞ》の人物(読み方も不明)もペアで記されています。天と地と！　天之助と日本助と！　コンビ感があって良いですね。二人とも〝荒者〟(暴れ者)だったらしいですけど、いや、天之助、何者!?

勝屋勝一軒

その名はまるで「つけ麺屋」！
龍造寺家を九州の大国へとのし上げた名参謀

どんマイナー
パラメーター

統率力	★★★
武勇	★★
知略	★★★★★
政治力	★★★★
美味しそう感	★★★★★

○〝九州三国志〟の舞台で活躍

数多くいる戦国武将の中でも、特にインパクト大なお方といえば勝屋勝一軒《かつやしょういっけん》です。まるで、つけ麺《めん》屋さんのような名前で面白いですね。いや、つけ麺じゃなくて、トンカツ屋っぽくもあるし、定食屋さんっぽくもありますね。まぁ、何の料理を出すにしても、この名前のお店だったら絶対〝大盛り無料〟ですね（笑）。

実際の勝一軒さんは、もちろん戦国時代に飲食店をしていたお方ではなく、れっきとした戦国武将で、肥前《ひぜん》（佐賀県）の龍造寺隆信《りゅうぞうじたかのぶ》という大名に仕《つか》えた人物です。戦国時代の九州は、他の地域と同じく群雄割拠《ぐんゆうかっきょ》ではありましたが、一五〇〇年代の後半頃に〝三強〟の時代へと突入します。その三つの大名家というのが、薩摩《さつま》（鹿児島県）の島津《しまづ》家、豊前《ぶぜん》（大分県）の大友《おおとも》家、そしてもう一つが龍造寺家でした。『歴代鎮西要略《れきだいちんぜいようりゃく》』（江戸時代中頃の軍記物）に「恰《あたか》も三国の鼎《かなえ》の如《ごと》く」とあるからなのか、現在ではこの三《み》つ巴《どもえ》を〝九州三国志《さんごくし》〟などと称したりします。

肥前で活躍することになる勝一軒さんですが、『分類註釈　葉隠《はがくれ》の神髄《しんずい》』（一九三五年〈昭和十〉出版）などによると、生まれも育ちも周防《すおう》（山口県）だったといいます。実家である杉《すぎ》家は、陶弘詮《すえひろあき》（162P参照）と同じく、周防の大大名であった大内《おおうち》家に仕《つか》えた重臣。祖父は大内家の書状などにも名が残る杉興重《おきしげ》（三河守《みかわのかみ》）で、その息子が周防の〝三保の庄〟にある勝屋に住んだことから「勝屋重秀（隼人佐《はやとのすけ》）」と名乗ったといいます。この三保の庄や勝屋がどこなのかは不明でして、下関《しものせき》市に「勝谷《しょうや》」（江戸時代以前は〝勝屋〟とも表記）という地域がありますが、こちらは長門《ながと》（山口県）に入るので当てはまらなそうです。ということで、詳しいことはわかりませんが、大内家が一五五七年（弘治《こうじ》三）に滅亡した後に浪人となった勝一軒さんは、肥前に渡って龍造寺隆信に仕えるようになったといいます。なぜいきなり龍造寺家を頼ったのか？　実はこの頃の龍造寺隆信はまだ肥前を統一できていませんでした。そのため、後ろ盾《だて》として大内家を頼って従属し、大内義隆《よしたか》から「隆」の字をもらっているという状況でした。勝一軒さんの行動の背景には、このような両家の関係性があったためかと思われます。こうして龍造寺家に再就職した勝一軒さんは、あれよあれよという間に龍造寺隆信の側近に抜擢《ばってき》されることになったのです。

○龍造寺家による肥前統一に奔走

「勝一軒」という名前は芸名のようですが、きちんと龍造寺隆信の書状に記されているものです。そこには龍造寺隆信と連携《れんけい》を図るために先方が「勝一軒の所迄《まで》」連絡をした旨《むね》が書かれているので、勝一軒さんは周囲の武将たちとの取次役《とりつぎやく》を務めていたようです。『北肥戦誌《ほくひせんし》』（江戸時代中頃の軍記物）などにも「隆信の近臣」と紹介されていて、度々《たびたび》名前が登場してきます。一五七四年

（天正《てんしょう》二）に鬼ヶ城（佐賀県唐津市《からつ》）の草野鎮永《くさのしずなが》を攻めた際には、鍋島信生《なべしまのぶなり》（のちに佐賀藩祖となる鍋島直茂《なおしげ》）に続いて攻め掛かり、鬼ヶ城は陥落。翌一五七五年（天正三）、『九州治乱記』（江戸時代前期の軍記物）によると、息子の龍造寺鎮賢《しげかた》（のちの政家《まさいえ》）に世代交代をしようと考えた龍造寺隆信が、居城を村中城（のちの佐賀城）から須古《すこ》城（佐賀県白石町《しろいしちょう》）に移すことにしたそうです。この時、龍造寺隆信の隠居城《いんきょじろ》の普請《ふしん》にあたったのが勝一軒さん（あと小林播磨守《はりまのかみ》と成富信種《なりどみのぶたね》）でした。『北肥戦誌』には須古城に移った龍造寺隆信の「老臣《ろうしん》」として勝一軒さんの名が最初に記されているので〝筆頭家臣〟というようにも捉《とら》えられます。他にも調整役だったり交渉役だったりを務めている記述があるので、戦国大名のマネージャーとして最高の人材だったのかもしれません。さらに築城技術も備えていたようですので、龍造寺隆信が重宝《ちょうほう》したのも頷《うなず》けますね。

　その後、一五七七年（天正五）にキリシタン大名として知られる大村純忠《おおむらすみただ》の三城城《さんじょう》（長崎県大村市）を攻めた時にも、鍋島信生とともに先陣を務めたのですが、この時は敵に打ち負けて敗走していています。しかも、なぜか鍋島信生が助けてくれず、龍造寺隆信の命令が届いてからやっと援軍に駆けつけたそうです。どの時代も新参と古参はもめることが多いですが、勝一軒さんと鍋島信生も何かトラブルがあったんでしょうかね。

　また、『北肥戦誌』によると、一五八〇年（天正八）、柳川《やながわ》城（福岡県柳川市）の蒲池鎮並《かまちしげなみ》に謀《む》反《ほん》の動きがあった際には、その動きを「勝屋宗機」という人物が注進しにきたといいます。勝一軒さんの親族だったという記述はないのですが、同じように大内家滅亡後に九州に渡り、田尻《たじり》家（蒲池家と親戚）の家臣になっていて、龍造寺家への連絡係となったようです。勝屋宗機の弟に勝屋伊豆守《いずのかみ》という人もいたみたいなんですが、その弟は龍造寺家に仕えていて「勝一軒とも兄弟となり」と記されています。義兄弟になったのかなんなのかは記述が少ないのでわかりませんが、似た経歴を持つ同じ名字の人が同じ職場にいたみたいです。

こうして勝一軒さんの活躍も（敗走も）あって、龍造寺隆信は肥前を統一しただけでなく、筑《ちく》後《ご》や筑前《ちくぜん》（ともに福岡県）、豊前や肥後《ひご》（熊本県）など周辺諸国へも勢力を拡大していきました。『歴代鎮西要略』には「隆信を五州太守《たいしゅ》と謂《い》う」と記されている通り、龍造寺隆信は一五八〇年頃には五ヶ国に領地を広げ、さらに壱岐《いき》や対馬《つしま》（ともに長崎県）にも手の届く勢いだったことから、今では〝五州二島の太守〟と称されています。ちなみに、龍造寺隆信のおなじみの異名に〝肥前の熊〟がありますが、これは江戸時代の史料や、明治・大正の史書では確認できなかったので、おそらく昭和に入って広まったものと思われます。

さて、参謀《さんぼう》の勝一軒さんのサポートのもと、龍造寺家はこのまま九州統一か!?——と思いきや、龍造寺隆信と勝一軒さんの最期《さいご》は突然訪れるのでした……。

○九州制覇を目前に主従ともども討死

一五八四年（天正十二）、龍造寺家から離反した日野江《ひのえ》城（長崎県南島原市）の有馬《ありま》鎮貴《しげたか》（のちの晴信《はるのぶ》）を討伐《とうばつ》するため龍造寺隆信は運命の出陣を命じます。有馬晴信が龍造寺家のライバルである島津家に援軍を頼むと、島津家久《いえひさ》（島津義久《よしひさ》・義弘《よしひろ》の弟）が率いる軍勢が駆けつけ、有馬・島津連合軍は森岳《もりたけ》城（のちの島原城。長崎県島原市）を中心に陣を構えます。『北肥戦誌』や『隆信公御年譜《ごねんぷ》』によると、有馬・島津軍が合計八千ほどの軍勢だったのに対して、龍造寺隆信は五万七千もの大軍で攻め寄せたといいます。そして三月二十四日に森岳城への攻撃が始まり、九州戦国史の中でも激戦となった「沖田畷《おきたなわて》の戦い」が勃発《ぼっぱつ》するのです。そして『北肥戦誌』などにある「軍監《ぐんかん》（監督係）は勝屋勝一軒なり」とあるのが、勝一軒さんの最後の記述です。

この戦いで圧倒的に数的有利だった龍造寺隆信は、数に物をいわせて敵陣の城戸《きど》への攻撃を仕掛けました。静まり返っていた敵軍でしたが、いきなり反撃に転じて弓や鉄砲を撃ち掛けてきました。さらに城戸が開かれると、突撃を仕掛けてきたのです。後陣が救おうとするも、そこは畷。中央は細い道で、両サイドは沼地だったため、進退がうまく取れなくなってしまいました。そんな戦況で龍造寺隆信の伝令（吉田清内）が、「先陣が臆病《おくびょう》であるため、御旗本が進めぬ。命を惜しまずに懸かるべきである。これは大将の御下知《ごげち》なり」と勝手に大声で叫んでしまったのです。そのため、先陣は無謀《むぼう》にも敵陣に攻め掛かり、それを見た二陣や三陣、御旗本が沼に飛び込んでしまうなど、龍造寺軍は次々と矢弾の標的となって討死《うちじに》していきました。そして、ついに龍造寺隆信にも敵軍が迫り、島津家の家臣の川上忠堅《かわかみただかた》によって討ち取られてしまったのです。

一方、『豊薩《ほうさつ》軍記』（江戸時代中頃の軍記物）では、吉田清内の言葉に対して勝一軒さんは、「ここは切所《せっしょ》（難所）にして左右は深田なので味方の進退が自由でなく的になって多く討たれてしまったので兵は急には集められない。ただ討死せよとの仰《おお》せか」と返答。吉田清内が「申すに及ばない」と言い捨てたため、勝一軒さんは先陣に向かって、「大将がすでに討死を進めている上は、術《すべ》も備《そなえ》もいらない。ただ、無二無三《むにむさん》に攻めて、みな討死をするべきである」と言ったため、先陣は矢弾を恐れずに猛攻を仕掛けたといいます。どの史料にも、勝一軒さんのその後は記されていませんが、討死した人の中に「勝屋勝一軒」の名前が記されています。また、この戦いでは龍造寺隆信の重臣の「龍造寺四天王《してんのう》」（136P参照）の五人のうち、四人（成松信勝《なりまつのぶかつ》、百武賢兼《ひゃくたけともかね》、江里口《えりぐち》信常《のぶつね》、円城寺信胤《えんじょうじのぶたね》）が討死しています。

当主を失った龍造寺家は、島津家に一時降伏。しかし、その後、島津家に追い詰められた大友《おおとも》宗麟《そうりん》の要請もあり、島津家を討伐するために九州に豊臣秀吉《とよとみひでよし》の大軍が襲来します。一五八七年（天正十五）の、いわゆる「九州征伐《せいばつ》」です。龍造寺家は、秀吉に従って島津家の討伐に貢献し、龍造寺政家《まさいえ》（隆信の子）は秀吉から肥前一国を与えられています。しかし、家中の実権はすでに龍造寺隆信の義弟だった鍋島直茂に移っていたため、龍造寺高房《たかふさ》（政家の子）はその状況に憤慨《ふんがい》して自害。龍造寺本家は途絶え、実権は完全に鍋島家が握って佐賀藩の藩主を務め、龍造寺家の分家は鍋島家の重臣となっています。

ちなみに、勝一軒さんのことを調べると「周防では〝しょうや〟と称していたが、肥前では〝かつや〟と称した」という内容が散見されます。確かに『葉隠』には、「勝屋新右衛門《しんえもん》が前は〝ショウヤ〟と称していたが、他の人はわからないから〝カツヤ〟と称した」という内容があるのですが、この勝屋新右衛門は勝一軒さんとは別系統の勝屋家なので、勝一軒さんが「しょうや」と称していたかは不明です。

名店ならぬ名参謀の勝屋勝一軒！知られざる歴史が〝超特盛〟でした。ご馳走《ちそう》様でした〜。

あとがき

最後まで本書をお読みいただき、ありがとうございました。

七十人以上のご当地のマイナー武将たちの物語、お楽しみいただけましたでしょうか。読者の方の知的好奇心を少しでも満たすことができていれば、書いた甲斐《かい》があったというものです。

しかしまぁ、ご当地武将というのは、全国各地にホントにたくさんいますね。私が取り上げることができたのもわずか一部ですし、読者の中には「うちの地元の◯◯が入っていない！」などという感想を持った方もいらっしゃることかと思います。もし、そういった方がいらっしゃったら、ぜひその情熱をもって〝オラが町〟の自慢の武将としてPRしていっていただきたいです。また、これは少し生意気ではありますが、本書をキッカケにご当地武将の魅力を再発見していただき、その人物を用いた地域の観光振興などに活用していただければ幸いです。

そして、歴史業界がより活発化して、マイナーな部分にもさらにスポットライトが当たるようになり、私の研究レベルをはるかに超えた新たな成果が発表されていくことでしょう。それが地域活性化やその地域の方々のアイデンティティーに繋《つな》がれば、最高に嬉《うれ》しいです。

そういえば〝勝者の歴史〟という言葉がありますよね。〝戦争に勝利した者たちが自分たちの都合の良いように歴史を作っていく〟というような意味合いですが、あれはちょっとウソですね。確かにそういった側面はあるものの、敗者となった者たちの歴史を残そうとした気概《きがい》のある歴史好きがいっぱいいたことでしょう。

たとえば、本書をお読みいただいた方にはすでにおわかりのことでしょう。
たとえば、豊臣秀吉《とよとみひでよし》の大軍に敗れた九戸政実《くのへまさざね》も、歴史の闇《やみ》に一方的に葬られることなく江戸時代にしっかり軍記物で描かれて、後世まで語り継がれているわけです。そうやって〝敗者たち〟を語り継いできた無名の人たちこそ、私のような歴史好きの偉大なる先輩にあたります。著者の名前すら伝わっていない先輩たちが残した数々の史料を読み、私もその意思を受け継いで、知られざる歴史を語り継いでいけたらなと、勝手に決意を新たにしたところであります。

最後に、本書を手に取ってくださった読者の皆さま、また、本書の出版にあたってご尽力くださった編集の方々やスタッフの皆さま、今回も可愛《かわい》くてゆるいイラストで彩りを添えてくださった花くまゆうさくさん、さらに懸命に戦乱を生き抜きしっかりと歴史に名を刻んだご当地武将の皆さま、加えて郷土の歴史を確かに伝えてくださった歴史好きの先人たちに改めて感謝申し上げます。ありがとうございました！

それでは、またどこかで！　お疲れきしでした！

長谷川ヨシテル

掲載武将生没年一覧

※細字の武将はコラム〈武将の下の名前「長政」多すぎ問題〉に掲載

小笠原長政（信濃）	一二二二（貞応元）～一二九四（永仁二）
小笠原長政（三河）	生没年不詳
三好長政	生没年不詳
尚　円	一四一五（永楽十三）～七六（成化十二）
小笠原長正（石見）	?～一五〇六（永正三）
伊那長政	?～一五一一（永正八）
陶　弘詮	一四六〇年（長禄四）頃?～一五二三（大永三）
松下長政	生没年不詳
篠原長政	生没年不詳
渡辺　兼	一四六六（文正元）?～一五四六（天文十五）
木沢長政	?～一五四二（天文十一）
十河一存	?～一五六一（永禄四）
北条綱高	一五〇六（永正三）～八二（天正十）または八五（天正十三）
大島雲八	一五〇八（永正五）～一六〇四（慶長九）
富永左衛門尉	生没年不詳
三好長逸	一五一二（永正九）頃?～?
江川英元	一五一三（永正十）～六一（永禄四）
榊原長政	?～一五六二（永禄五）
北条綱成	一五一五（永正十二）～八七（天正十五）
笠原能登守	生没年不詳
多目周防守	?～一五九〇（天正十八）

重清長政	?〜一五七八（天正六）?
北 信愛	一五二三（大永三）〜一六一三（慶長十八）
生駒親正	一五二六（大永六）〜一六〇三（慶長八）
鶴 姫	一五二六（大永六）?〜一五四三（天文十二）?
妙林尼	生没年不詳
三好宗渭	?〜一五六九（永禄十二）?
石成友通	一五三一（享禄四）〜一五七三（天正元）
禰寝重長	一五三六（天文五）〜八〇（天正八）
勝屋勝一軒	?〜八四（天正十二）
九戸政実	一五三六（天文五）〜九一（天正十九）
安東愛季	一五三九（天文八）〜八七（天正十五）
白井浄三	生没年不詳
太田左近	生没年不詳
奈佐日本助	?〜一五八一（天正九）?
山口長政	?〜一五八三（天正十一）
成松信勝	一五四〇（天文九）?〜八四（天正十二）
堀尾吉晴	一五四三（天文十二）〜一六一一（慶長十六）
江川英吉	一五四六（天文十五）〜一六二五（寛永二）
依田信蕃	一五四八（天文十七）〜八三（天正十一）
中目長政	生没年不詳
早川長政	生没年不詳
鈴木金七	生没年不詳
石河兵助	?〜一五八三（天正十一）
江里口信常	一五四八（天文十七）?〜八四（天正十二）
百武賢兼	?〜一五八四（天正十二）

円城寺信胤　?〜一五八四（天正十二）
桜井佐吉　?〜一五九六（文禄五）?
木村吉清　?〜一五九八（慶長三）
中村一氏　?〜一六〇〇（慶長五）
木造長政　?〜一六〇四（慶長九）
伊奈忠次　一五五〇（天文十九）〜一六一〇（慶長十五）
木下昌直　?〜一六一〇（慶長十五）
毛受家照　一五五九（永禄二）?〜八三（天正十一）
藤田信吉　一五五九（永禄二）〜一六一六（元和二）
江川英長　一五六一（永禄四）〜一六三二（寛永九）
田中勝介　生没年不詳
古田長政　生没年不詳
池田長政（恒興の子）　一五七五（天正三）〜一六〇七（慶長十二）
岡部長政　?〜一六二六（寛永三）
川村重吉　一五七五（天正三）〜一六四八（慶安元）
市橋長政　一五七五（天正三）〜一六四八（慶安元）
織田長政（戒重藩）　一五八八（天正十六）〜一六七〇（寛文十）
池田長政（長吉の子）　一五八九（天正十七）〜一六三四（寛永十一）
山田長政　一五九〇（天正十八）頃?〜一六三〇（寛永七）
上杉長政　?〜一六二八（寛永五）
津田長政　?〜一六六六（寛文六）
織田長政（野村藩）　生没年不詳
関　長政　一六一二（慶長十七）〜一六九八（元禄十一）
織田長政（宇陀藩）　一六二八（寛永五）〜一六九〇（元禄三）
平野長政　一六四二（寛永十九）〜一七〇〇（元禄十三）